Warum ich so lebe

ISBN 3-460-31601-2
Mit kirchlicher Druckerlaubnis

Lektorat: Josef Metzinger
Umschlag: Hans Hug, Stuttgart

Warum ich so lebe

Christen über ihren Weg im Orden

herausgegeben von Felix Schlösser
mit einem Geleitwort von Bischof Georg Moser

Verlag
Katholisches Bibelwerk GmbH
Stuttgart

Zu diesem Buch

»Ich bin berufen, etwas zu tun, wofür kein anderer berufen ist. Ich habe einen Platz in Gottes Plan und auf Gottes Erde, den kein anderer hat ... Gott kennt mich und ruft mich bei meinem Namen.«
Dieses Wort von Kardinal Newman kann uns in den Sinn kommen, wenn wir die vorliegenden Berichte und Bekenntnisse von Ordensleuten lesen. Die hier vereinigten Lebenszeugnisse sind von verschiedener Art und verschiedenem Gewicht, doch alle zusammen stellen anschaulich und überzeugend dar, wie Gott immer wieder Menschen herausruft – herausruft aus dem Gewohnten und Gewöhnlichen, damit sie etwas werden oder vollbringen, wofür kein anderer ausersehen ist.

Den heutigen Orden und Kongregationen fehlt es bekanntlich an Nachwuchs. Doch diese Sorge sollte keinen in Panikstimmung versetzen. Es wäre verhängnisvoll, ja geradezu unchristlich, starrten wir allzu ängstlich auf die Statistik. Berufungen zum Ordensleben entziehen sich letztlich der menschlichen Planung. Jede Berufung geht von Gott aus. Auch heute brauchen wir nicht daran zu zweifeln, daß Gott – wie in den vergangenen Jahrhunderten – junge Menschen zum Ordensleben berufen kann und berufen will. Wir Christen vertrauen unbeirrt auf den Heiligen Geist und damit auf die Führung der Kirche und ihrer zum besonderen Dienst berufenen Gemeinschaften. Nicht wir, sondern der Herr der Kirche bestimmt, wie es mit den Orden weitergeht. Ich freue mich darüber, daß ein zuversichtlicher Grundton anklingt, wo immer in den folgenden Beiträgen auch die Zukunftsfrage berührt wird.

In einer Zeit, da so viel von Selbstfindung und Selbstverwirklichung die Rede ist, trifft man immer wieder auf das Vorurteil, im Kloster und in den Bindungen an eine durch ‚Regeln' verpflichtete Gemeinschaft müsse das persönliche Leben zwangsläufig eingeengt werden oder gar vertrocknen. Die Lebenszeugnisse von Ordensleuten aus unseren Tagen, die dieses Buch uns nahebringt, zerstreuen solche Bedenken. Sie bekunden ohne Werbe-Absicht die Wahrheit: Das Leben im Orden, diese radikale Nachfolge Christi, ist menschlich warmes, ist sinnerfülltes Dasein. Wo einer vielleicht Langeweile und Eintönigkeit vermutete, begegnet ihm Farbigkeit und Vielfalt. Wo jemand Verdrossenheit oder eigensüchtige Abkapselung befürchtete, entdeckt er zu seinem Erstaunen fröhliche Dankbarkeit, Offenheit für allen Reichtum des Geistes und Gemütes, Hellhörigkeit für jeden Anruf. Denn ein Orden, der seine Berufung wahrhaft erkennt, erzeugt keine verschrobenen Sondergestalten; in ihm reifen verantwortungsbewußte Menschen heran.

Beim Lesen dieser Texte wuchs in mir die Freude, die Freude darüber, daß es solche Menschen gibt. So viele sagen ja heute: »Auf keinen ist Verlaß. Ihr Christen seid auch bloß Schwätzer; eure wohltönenden Worte nützen uns nichts.« Wie trostreich sind dem gegenüber die hier gesammelten Dokumente von Mitchristen, zeigen sie doch ohne Überheblichkeit und Leistungsstolz, daß Menschen unter uns leben, die das Wagnis gläubigen Daseins vorbehaltlos auf sich genommen haben. Da herrscht der Geist, der heiter, gelöst und weit macht und der einen aufatmen läßt im Freiheitsraum des Evangeliums.

Und noch etwas zeigt sich: Wir erfahren, welche religiösen und sozial-karitativen Antriebe von den Ordensgemeinschaften ausgehen. Wie arm wären Kirche und Gesellschaft ohne den Dienst der Frauen und Männer, die sich als Freunde Jesu Christi betend, formend und handelnd für den Nächsten einsetzen! Darum betonte die Gemeinsame Synode der Bistümer in der Bundesrepublik Deutschland: »Die Kirche Deutschlands hat den geistlichen Gemeinschaften, vor allem den Orden, viel zu verdanken.« Dieses Dankeswort können Bischöfe und Völker in der ganzen Welt wiederholen. Bei einem Besuch in Malawi wurde mir unlängst von einem Staatsmann versichert: »Ohne den jahrzehntelangen aufopfernden Dienst der Missionare und Schwestern wäre es wohl nie gelungen, unser Gesundheitswesen so auszubauen, wie es nun heute sogar den ärmsten Familien zur Verfügung steht.« Nein, nicht selbstsüchtiges Heilsverlangen kennzeichnet das Leben unserer Orden; es ist vielmehr geprägt von Gottesdienst und Menschendienst, es ist erfüllt von der Liebe.

Wie schade wäre es, wenn dieser Sammelband als ‚Schaufenster der Orden' mißverstanden würde, wenn man vom Leser sagen müßte: Er sah es, und er ging vorüber. Das Buch will von der Liebe sprechen, es will ein ‚Signal geben', wie man heute gerne sagt. Von Herzen wünsche ich, daß die Leser den Worten lauschen, auf das Signal achten und es als Anruf verstehen. Vielleicht geben die Lebensbekenntnisse dem einen oder anderen Suchenden auch den Anstoß, einen Weg einzuschlagen, der ihn in eine Ordensgemeinschaft führt. Jedenfalls sollte das Buch die Erkenntnis fördern und vertiefen, welche die Synode der Bistümer in der Bundesrepublik so ausgedrückt hat: »Unerläßlich für Fortbestand und Zukunftsentwicklung der geistlichen Gemeinschaften ist das Verständnis, die Solidarität und die Mithilfe aller Gläubigen. Wie die Gemeinschaften für die ganze Kirche da sind, müssen sie auch von der ganzen Kirche mitgetragen werden.«

Rottenburg am Neckar, 15. August 1977

Georg Moser
Bischof von Rottenburg

Inhalt

Hinführung zu einem Buch und zu einer Lebensweise

Den vierundzwanzig Beiträgen dieses Buches sei eine kurze Hinführung vorausgeschickt, in der etwas zur *Zielsetzung* dieses Buches gesagt wird und in der *einige Hauptakzente,* wie sie in den einzelnen Beiträgen gesetzt sind, bewußt gemacht werden sollen. Obwohl die Hinführung zu diesem Buch einen etwas anderen Charakter hat als die zum Teil sehr persönlich gehaltenen Beiträge, möchte ich doch ein paar biographische Notizen vorausschicken.

In diesem Jahr bin ich fünfzig geworden, und wenn ich vor kurzer Zeit mein Silbernes Priesterjubiläum gefeiert habe, so liegt die Entscheidung, die mein Leben bestimmt hat, nicht eigentlich vor fünfundzwanzig Jahren, sondern früher: als ich mich in der Profeß dem Redemptoristenorden anschloß. In der Bindung an diese Gemeinschaft, der ich neben meinen Eltern das meiste für mein Leben verdanke, sehe ich so etwas wie eine Ehe und somit auch die eigentliche Verpflichtung, dabei zu bleiben und keinen anderen Weg mehr einzuschlagen.

Vor dem Noviziat 1947/48 verbrachte ich eine Kindheit, die durch lange Krankheit meiner Mutter ein wenig getrübt war. Doch die Kinderjahre waren glücklich, genauso wie meine Jugendzeit, wenn auch überschattet vom Krieg: als Angehöriger der Flakhelfergeneration lernte ich schon mit sechzehn Jahren das Schießen auf Menschen. Das eigentliche »Feindbild« – vorgegeben vom Elternhaus (mein Vater war »linker« Buchdrucker und Zentrumsmann), durch die Katholische Jugendbewegung und durch den Einfluß der Redemptoristen in Bonn – lag jedoch anderswo: im Naziregime, das ungewollt dazu beitrug, mich in Richtung auf den Ordensberuf zu bestärken.

Die dreißig Jahre im Orden waren stark von der Wissenschaft und ihrer Weitergabe bestimmt. Das mir zugedachte Zweitstudium schloß ich mit der Promotion in Germanistik, Romanistik und Philosophie ab. Nach seelsorglicher Tätigkeit in der Gemeindemission sowie Dozententätigkeit an unserer Ordenshochschule in Hennef/Sieg bin ich seit 1965 am *Institut der Orden für missionarische Seelsorge und Spiritualität* tätig, wo meine Hauptaufgabe in der pastoralen Weiterbildung besteht. Ich gehörte der verflossenen

Gemeinsamen Synode an und war damals Sekretär der Sachkommission I (»Glaubenssituation und Verkündung«). Bis zur Neustrukturierung der Kommissionen der Deutschen Bischofskonferenz zählte ich acht Jahre zu den Beratern der Pastoralkommission. Für die Zeitschrift SIGNUM arbeite ich als leitender Redakteur und verfaßte mehrere Bücher zur Theologie und Pastoral: mein erstes 1965 »Kirche, Anspruch und Ärgernis«, mein letztes 1976 »Thema Welt«. Der in diesen Titeln zum Vorschein kommende Spannungsbogen Kirche – Welt, oder wie immer man ihn formulieren mag, hat mein Leben spannungsreich gemacht: mit einigen Belastungen, aber mit weit mehr an positiven Erfahrungen, wozu viele Menschen beigetragen haben.

Was das Buch will

»Warum ich so lebe« ist kein Buch über das Ordensleben, es ist ein Buch aus den Erfahrungen des Ordenslebens. Weniger argumentativ als »narrativ«, erzählend. Und auch ein wenig bezeugend. Es wird keine Ordenstheologie vorgelegt, höchstens aus dem Ordensleben entwickelt. Hier sagen vierundzwanzig Ordensleute – jüngere und ältere, Frauen und Männer, »beschauliche« und »tätige«, von verschiedener Prägung und aus verschiedenen Tätigkeitsbereichen –, warum sich dieser Weg für sie lohnt, warum sie weitermachen möchten. Hier geben sich Christen Rechenschaft über die von ihnen gewählte Lebensform: die der *Nachfolge Jesu in einer geistlichen Gemeinschaft.* Sie geben damit auch anderen Menschen Rechenschaft, ohne Leistungen aufweisen zu wollen.

Das Buch hat keine Werbeabsichten. Aber vielleicht wirbt es gerade dadurch, daß es keine Propaganda für die Orden machen will. Dies allerdings will das Buch: bei den Lesern um Verständnis werben für eine Lebensmöglichkeit, die vielen fremd, wenn nicht gar absonderlich erscheint. Und noch etwas will es: den »Menschen in der Welt« auch für ihre eigenen Lebensmöglichkeiten als Christen Hoffnung und Elan geben.

Diesen geistigen Austausch brauchen wir, davon leben wir. Wenn auch nichts kopiert werden darf, so ist doch vieles übertragbar – weniger von den Lebensformen als von der Lebensrichtung her, die allen Christen gemeinsam ist.

Wir brauchen einander

Das Gemeinsame des christlichen Lebensentwurfs und des Lebensweges im Nachgehen des Weges Jesu zieht sich durch das ganze Buch. Was der Synodenbeschluß *Die Orden und andere geistliche Gemeinchaften. Auftrag und pastorale Dienste heute* in der Umschreibung des Grundauftrags« (Nr. 2) als das alle Christen Verbindende herausstellt (vgl. 2.1.2), ist in den geistlichen Gemeinschaften allgemeine Bewußtseinslage, bis in die streng klausurierten Klöster hinein. Der Ruf in die Nachfolge Jesu, der an alle ergeht, läßt auch in geistiger Hinsicht keine verhängten Sprechgitter mehr zu, wie es sie früher in den von der Außenwelt abgeschlossenen Klöstern gab. Alle diejenigen, die in eine Beziehung zu Christus eingetreten sind, müssen in Beziehung zueinander treten. Die gleiche Lebensrichtung läßt keine Isolation voreinander zu.

Es ist nicht nur die gleiche Lebensrichtung, die uns Christen verbindet, es ist auch – bei aller Verschiedenheit der Lebensformen und Lebensaufgaben – *die Zuordnung der verschiedenen »Gaben des Geistes« (Charismen) und Dienste zueinander, ihr Angewiesensein aufeinander.* Paulus hat dies im Bild des »Leibes Christi«, an dem sich die Glieder ergänzen, immer wieder variiert (Röm 12; 1 Kor 12). In der Ausmalung dieses Bildes wollte er uns sicher nicht zu Mutmaßungen darüber verleiten, wer von uns wohl Kopf oder Hand oder Fuß oder ein noch »geringeres Glied« (1 Kor 12,24) darstellt. Sagen wollte er, daß niemand Grund hat, in seiner eigenen Berufung andere geringer einzustufen, nur weil deren Gaben und Dienste vielleicht unansehnlicher sind oder so erscheinen. Warum erscheinen sie so? Da das Leben der Ordensleute durch ihre religiös stärker akzentuierte Lebensweise abgehoben ist – sie werden nach kirchenrechtlichem Sprachgebrauch einfach die *religiosi* genannt –, haftet den »Weltchristen« in ihrem Christenleben eine gewisse Unansehnlichkeit an. Sie erscheinen weniger religiös. Aber die Kriterien für das Religiöse, oder gar für die Nachfolge Jesu, kommen nicht von einer bestimmten Lebensform her, die man als »die bessere« hinstellt. Niemand, so Paulus, soll zum andern sagen: Ich brauche dich nicht! (vgl. 1 Kor 12,21). Der Synodentext über die Orden drückt diesen Gedanken sehr klar aus: »Nur dort, wo das Bewußtsein wachbleibt, daß alle Christen und Charismen in der Kirche aufeinander bezogen und angewiesen sind, kann der eine Dienst Christi erfüllt werden zum gemeinsamen Zeugnis für einen Glauben und eine Liebe, die größer sind als die Möglichkeiten und Machbarkeiten dieser Welt« (2.2.7; vgl. auch 2.1.7).

Noch in anderer Hinsicht brauchen wir einander, was in diesem Buch ebenfalls anklingt, wenn es um die sogenannten Gelübde oder Evangelischen Räte geht. *Die Ordensgelübde sind auch eine Form von Solidarität mit den übrigen Menschen*: mit denjenigen, die gezwungenermaßen arm leben müssen; die gehorsam, weil unterdrückt und in Abhängigkeit leben müssen; die ehelos leben müssen oder die in der Ehe aus irgendwelchen Umständen nicht zu ihrer Erfüllung kommen. Was einer, im Befolgen der Evangelischen Räte, freiwillig auf sich nimmt: durch »Armut« als Reduzierung des Wohlstandes und als Gütergemeinschaft; durch »Gehorsam« als Abhängigkeit von einer Autorität und von der Gemeinschaft im Sinne des »gegenseitigen Gehorsams«; durch »Ehelosigkeit« als Verzicht auf ein Leben in ehelicher Gemeinschaft und als Verzicht auf die Familie – das alles bedeutet ja zunächst einmal Einschränkung, Begrenzung, Armut. Auch Ehelosigkeit ist eine Form von Armut. Wer sie eingeht, verzichtet auf eine große menschliche Möglichkeit.

Wenn einer, um beim *Beispiel Ehelosigkeit* zu bleiben, unter dem Anruf Christi einen solchen Weg einschlägt, dann sagt er freiwillig ja zu einer Begrenzung. So sehe ich es jedenfalls. Durch die Lebensform der Ehelosigkeit will ich nicht demonstrieren, die Ehe sei etwas zu Überwindendes; etwas was es im Reiche Gottes, im neuen Äon, ohnehin nicht mehr gibt. Jesus will in Mt 22,30 nicht sagen, daß wir zu Engeln, zu reihält, das muß nicht, das darf nicht »überwunden« werden. Es wird in seiner menschlichen Qualität hinübergeführt und zu einer jetzt noch nicht vorstellbaren Entfaltung und Entgrennen Geistwesen »überhöht« werden. Daß wir »nicht mehr heiraten« werden, das will besagen: Wir sollen auch im Bereich unserer Liebesfähigkeit eine Entgrenzung erfahren, auf eine neue Art, über die Zweierbeziehung der ehelichen Partnerschaft hinaus. Dennoch bleiben wir in der künftigen Welt leibliche Wesen mit leiblicher Zuneigung. Was schon in dieser unserer begrenzten menschlichen Existenz die erotische Beziehung zwischen Liebenden zu einer menschlichen Beziehung macht und was sie darin auf Gott hin offen-

zung gebracht. So gesehen kann di voll gelebte Ehe – trotz der Erfahrung der Relativität der sexuellen Beziehungen – als wirklich eschatologisches Zeichen begriffen werden: als ein Vorschein des Künftigen, wo anfanghaft das Einssein der Menschen verkostet wird. Ich verzichte, um es noch einmal anders auszudrücken, nicht deswegen auf die Ehe, weil sie unvollkommener ist als die Ehelosigkeit; im Gegenteil, sie ist unter mancherlei Rücksicht reicher. Ordensleute möchten vielmehr auf ihre Art sich selber und anderen die Begrenztheit menschlicher Liebe bewußt machen und diese auf Gott hin offenhalten.

Ähnliches gilt von anderen menschlichen Gütern: von der Freiheit und vom Reichtum. Auch hier stoßen wir, wie in der Liebe, immer wieder auf unsere Grenzen. Besonders, weil Freiheit, Reichtum, Liebe dem Mißbrauch ausgesetzt sind und uns und andere unglücklich machen können. Auch diejenigen, die nicht die Form des klösterlichen Gehorsams und der persönlichenBesitzlosigkeit gewählt haben, müssen erfahren, daß »frei sein« und »reich sein«, solange uns nicht in Gott alles geschenkt ist, nur begrenzt möglich sind. Indem Ordensleute sich in diesem oder jenem einschränken, *indem sie aus freien Stücken auf menschlich wertvolle Güter verzichten, wollen sie diese in ihrer Relation zu Gott und damit in ihrer Relativität aufweisen.* Und sie möchten es zudem tun in Solidarität mit denjenigen, denen solche Güter versagt sind. Sie möchten zeigen – gewiß in unzulänglicher Weise –, daß wir Menschen daran nicht zu zerbrechen brauchen, sondern über die Begrenztheiten, die unsere irdische Existenz uns setzt, hinauswachsen können, damit wir Liebe, Freiheit, Reichtum auf eine neue, ungeahnte Weise in Gott wiederfinden. Deshalb brauchen wir einander: die »im Kloster« und die »in der Welt«.

Gemeinschaft gesucht

Die Ordensgelübde erscheinen ihrer Namensgebung nach zunächst negativ. »Gehorsam« ist eingeschränkte Freiheit, »Armut« Fehlen von Besitz, »Ehelosigkeit« Verzicht auf Ehe und Familie. Während bei den beiden ersten Bezeichnungen wenigstens eine inhaltliche Aussage gemacht wird, die sich positiv auffüllen läßt, besagt »ehelos«, ähnlich wie »sprachlos« oder »freudlos«, die Abwesenheit von etwas, was eigentlich da sein sollte. Statt »Ehelosigkeit« »Keuschheit« zu sagen, hilft auch nicht weiter, weil mit diesem Wort das Spezifische der Lebensform in den Orden nicht eingefangen wird. Und mit dem Fremdwort »Zölibat« hat es ebenfalls seine Schwierigkeiten; denn der *caelebs,* von dem es etymologisch herkommt, ist einer, der allein lebt (»Zölibatär« bezeichnet in den romanischen Sprachen auch den Junggesellen). Allein leben ist nun aber das genaue Gegenteil von dem, was Christen suchen, wenn sie »ins Kloster gehen«. Wenn man von Einsiedlermönchen einmal absieht, so suchen Ordensleute gerade nicht das Alleinsein.Klöster, in denen Einsiedler zusammenleben, sind ein Widerspruch in sich. Geschichtlich ist es so, daß der christliche Zölibat sich nicht vom Priestertum herleitet, sondern seine Wurzeln in Gemeinschaften von Christen hat, einer Art von »Intensivgruppen«, wie wir sie schon in den ersten Gemeinden, beispielsweise in Korinth, antreffen. In Lebensgemeinschaften von Christen, meine ich, ist der Zölibat eigentlich erst lebensfähig. Die Gleichung »ehelos« = »gemeinschaftslos« stimmt jedenfalls für den Bereich der Orden nicht. *Die Alternative zur Ehe ist nicht die Einsamkeit, sondern eine andersartige Gemeinsamkeit.*

Das zeigen alle Beiträge dieses Buches. Niemand von denen, die auf den folgenden Seiten ihren Weg im Orden beschreiben, läßt die Gemeinschaft, die er gesucht hat und die ihn trägt, aus. Und dies geschieht nicht – man lese es nach – im Sinne einer Pflichtübung. Man hätte diesem Buch auch den Titel geben können: »Ich wählte die Gemeinschaft«. Freilich nicht einfachhin Gemeinschaft, sondern Gemeinschaft, die sich in der Nachfolge Christi sieht, Gemeinschaft, in der man Gott erfahren will und Gott sucht – aber eben in Gemeinschaft sucht. Mir selber ist beim Lesen der Beiträge aus dem monastischen Raum erst richtig aufgegangen, wie sehr die einzelnen Gelübde in der Gemeinschaft – als einer im Glauben miteinander lebenden Jüngergemeinde Jesu – ihren Boden haben. Das erste Gelübde der benediktinischen Profeßformel, die *stabilitas* (neben der *conversatio morum* und der *oboedientia* als den drei mönchischen Gelübden, vgl. dazu den Beitrag von G. Voss), *drückt die Bindung an eine konkrete Gemeinschaft an einem konkreten Ort aus.* Unter die *stabilitas* fallen im Mönchtum die klassischen Gelübde der Armut und der Ehelosigkeit. Ihr gemeinsamer

Nenner ist demnach die Bindung an eine Gemeinschaft. Das verleiht ihnen »Stabilität«, was aus dieser Sicht noch einmal den Gemeinschaftscharakter der Ehelosigkeit und der Gütergemeinschaft unterstreicht. Der klösterliche Gehorsam: als das Miteinanderhinhören auf den Anruf Gottes, hat ohnehin einen starken Gemeinschaftsbezug. Aus dem Miteinanderhören folgt das Aufeinanderhören.

Dieses »in Gemeinschaft« kommt in vielen Beiträgen in verschiedenen Variationen auch dann immer wieder zur Sprache, wenn es um die Menschen geht, denen Ordensleute nahe sein wollen: im Helfen, im Raten, in der Für-Bitte oder einfach im Mitglauben, im Mitgehen. Für all das scheint die Gemeinschaft als Kraftquelle unentbehrlich zu sein. So liest man es in diesem Buch. Nach meinen Erfahrungen wird tatsächlich in den Orden dem Gemeinschaftsleben als Basis für das Tun ein hoher Stellenwert beigemessen. *Das Miteinanderleben in Gemeinschaft gibt dem Füreinanderdasein im Dienst an den Menschen außerhalb unserer Gemeinschaft seine innere Stoßkraft.* Dem Für-Sein liegt das Mit-Sein zugrunde. »Die Einheit der Brüder ist Quelle großer apostolischer Kraftentfaltung«, hat das Konzil im Ordensdekret gesagt (Nr. 15). Hier liegt der Grund, warum sich im Laufe der Kirchengeschichte immer wieder Menschen zu missionarischen Gemeinschaften zusammengeschlossen haben. So sind viele Orden als Priestergemeinschaften entstanden, um aus gesammelter Kraft für besondere Seelsorgsaufgaben bereitzustehen. Wir brauchen nur an die Auslandsmission zu denken, die auch heute noch fast ausschließlich von Frauen- und Männergemeinschaften getragen wird.

Es wäre auch von der Kirchentheologie her besehen verwunderlich, wenn in den Orden die Gemeinschaft nicht eine solche Rolle spielte. Hier gilt das, was die Synode in einem sehr eindrücklichen Text formuliert hat: »Gelebtes Evangelium führt immer zu Gemeinde. Darum verstehen sich die geistlichen Gemeinschaften entsprechend einer sehr langen und ungebrochenen Überlieferungsgeschichte zu Recht als Jüngergemeinde im besonderen Sinn. Sie haben nicht nur ihren Ort in der Kirche, sondern sie sind Kirche und sollen Kirche zur Erscheinung bringen, so daß man glauben kann, daß der Herr in ihrer Mitte ist (1 Kor 14,25)« (Die Orden und andere geistliche Gemeinschaften 2. 1. 7.). *Ordensgemeinschaften sind kirchliche Gemeinschaften im vollen Sinn, mit all den Merkmalen, die zu einer Gemeinde von Christen gehören;* sie können nicht einfach mit Gruppen in der Kirche gleichgesetzt werden. Dabei bin ich mir bewußt, daß es da noch einige kirchenrechtliche Probleme gibt, besonders hinsichtlich Frauenorden; eine Äbtissin beispielsweise ist faktisch Gemeindeleiterin, kann aber, da sie Frau ist, nach (bisherigem) kirchlichen Amtsverständnis nicht ordiniert werden, weswegen in ihrer Abtei Gemeindeleitung und Vorsitz bei der Eucharistiefeier auseinanderfallen. Dennoch darf man sagen: Ordensgemeinschaften sind Gemeinden Jesu, sind eine Form von Kirche, in der sich die Gesamtkirche darstellt und wirksam wird, so wie es in der Pfarrgemeinde auf andere Weise geschieht. Sie sind es sogar auf eine dichtere Weise, als es in einer Pfarrei möglich ist.

Denn *Ordensgemeinschaften sind Lebensgemeinschaften* und können als solche zu einem Zeichen für die Lebenskraft der Kirche insgesamt werden, indem sie sehr intensiv Kirche an einem bestimmten Ort aufbauen. Man lese nach, was das Konzil dazu im Dekret *Über die zeitgemäße Erneuerung des Ordenslebens* (Nr. 15) sagt, wo geradezu die Beschreibung einer Christengemeinde vorliegt. Würden klösterliche Gemeinschaften diesem Leitbild in gegenseitiger dienender Liebe immer überzeugender Realität verleihen, wäre dies ein kräftiger Lebenszuwachs für die Kirche. Einiges davon würde dann auch für andere Formen von Gemeindeleben exemplarisch sein: wie Ordensleute miteinander umgehen, wie sie sich gegenseitig annehmen und einander helfen, wie sie miteinander glauben; kurz, wie sie Jüngergemeinde verwirklichen. Und sie sollen dies ja »im besonderen Sinn« tun. Wie ist das zu verstehen? Welcher Anspruch steht dahinter?

Nachfolge – Dienst – Anbetung

Wenn bei den einzelnen Beiträgen je nach Verschiedenheit der Lebensformen – es gibt nicht *die* Lebensform der Orden! – die Akzente auch verschieden gesetzt werden, so fällt doch auf, wie häufig einige, mit den Schlüsselworten Nachfolge – Dienst – Anbetung gekennzeichnete Grundaussagen wiederkehren, vor allem: wie diese zusammenklingen, zusammenstimmen. Das Buch insgesamt könnte falsche Alternativen vermeiden helfen, die sich in der Kirche hartnäckig, manchmal kämpferisch behaupten: horizontal – vertikal, human –

christlich, Mitmenschlichkeit – Gottesliebe, Dienst – Anbetung, »bloße« Nachfolge – Christusgemeinschaft, Funktionalität – Spiritualität. Solche Gegenüberstellungen werden zu Gegensatzpaaren, wenn jeweils auf der einen Seite ein »nur« steht. »Nur human« wird dann genauso falsch wie »nur Gottesliebe«, und Dienst ohne Anbetung ist ebenso eine Verfälschung der christlichen Botschaft wie Anbetung Gottes ohne Dienst an den Menschen.

Wo Christen versuchen, in Gemeinschaften des Glaubens und der Liebe, im Leben miteinander und für andere, Gemeinschaft zwischen Gott und Mensch zu stiften, wo Anbetung genau so ungeteilt gelebt wird wie der Dienst, wo Gottesbezug und Weltbezug wieder in Einklang kommen, da kann Jüngergemeinde Jesu zum »Modell« werden – nicht nur für Menschen innerhalb der Kirche, sondern auch für solche außerhalb, die auf der Suche nach menschlicher Gemeinschaft sind. Sie müßten bei uns lernen können, *daß erst Gemeinschaft mit Gott Gemeinschaft unter den Menschen möglich macht; und umgekehrt, daß dort, wo wahre Menschenliebe wächst, Gott dabei ist, Gott darin ist.* Es ist viel leichter, sich auf eine Seite zu schlagen: zu Gott hin oder zu den Menschen hin, ziemlich mühsam jedoch, in enger Lebensgemeinschaft ein Leben lang die Spannung zwischen Gott und Welt auszuhalten und zu versuchen, daraus zu leben. Anders ausgedrückt: Ganz für Gott und genauso rückhaltlos für die Menschen da zu sein, läßt sich nur in der Nachfolge Jesu verwirklichen, wenigstens annähernd. Bruchstückhaft wird es bei uns immer bleiben. Nach dem Synodentext über die Orden hätten die geistlichen Gemeinschaften dazu beizutragen, »daß die Kirche Gemeinde des Gebetes und der Bruderliebe ist, in der Gottes Heilshandeln in Jesus Christus und die Hoffnung auf die endgültige Zukunft wachgehalten wird« (2.1.7).

Mit dem Wort Zukunft – einer Zukunft, die Gott heraufführt, wenn auch nicht ohne uns, so doch über unsere menschlichen Maße hinaus – *ist ein weiterer Akzent dieses Buches angesprochen.* Man könnte ihn mit Roger Schutz umschreiben: »Aus der Dynamik des Vorläufigen leben!« Daraus entwickeln sich zwei Aussagereihen, die irgendwie aufeinander bezogen sind: Unruhe, Engagement, kritische Distanz (auch in kritischen Rückfragen an die eigene Gemeinschaft), Wagnis, Weiterdrängen, dann aber auch Gelassenheit, Unverkrampftheit, Zweckfreiheit, Befreiung vom Leistungsdruck, Offenheit für das je neu Geschenkte. Diese beiden Linien, die sich durch das Buch ziehen, konvergieren in der *Hoffnung auf die von Gott eröffnete Zukunft.* Eine solche Hoffnung bringt uns in Bewegung und macht uns zugleich gelassen, in gewissem Sinne sogar sorglos. Sie gibt uns die Möglichkeit, weder unser Scheitern noch unsere Erfolge für das Letzte zu halten, weder resigniert noch illusionistisch alles für gelaufen zu erklären. Sie befähigt uns zu einer inneren Freiheit, die das Vorläufige nicht mit dem Endgültigen, dem von Gott Ermöglichten verwechselt, das Machbare, Berechenbare, Zweckgerichtete nicht mit dem Überraschenden, Unvorstellbaren, frei Geschenkten. Das alles ist in den Orden längst nicht erreicht. Weitgehend bleiben es Leitbilder. Aber diejenigen, die an diesem Buch mitgeschrieben haben, möchten sich davon leiten lassen, möchten es in dieser Richtung versuchen.

Hier böte sich dann auch ein »alternativer Lebensstil« an, als Alternative zu dem, was uns jetzt noch unter vielerlei Zwängen gefesselt hält. Können so nicht Ordensgemeinschaften zu »Gegen-Umgebungen« (McLuhan) werden, zu »Experimentierfeldern des Reiches der Freiheit mitten im Reich der Notwendigkeit« (Jürgen Moltmann), wo – im Blick auf die größere Wirklichkeit Gottes – Gelassenheit und befreiende Hoffnung eingeübt werden? Wenn Alfons Rosenberg »Wahlgemeinschaften zwischen der Institution und dem selbstmächtigen Individium« fordert, die »das Geglaubte gemeinsam in das sinnenhafte und soziale Leben transponieren«, dann läge hier für unsere Ordensgemeinschaften eine große Chance.

Noch einmal: Ordensgemeinschaften zum Vorzeigen, im Sinne »exemplarischer Existenz«, gibt es nicht. Die Schritte, die Versuche, die auf den folgenden Seiten beschrieben sind, die Leitvorstellungen, die dort auftauchen, bleiben immer eine Frage an die Orden selbst, an uns, an mich.

Wir zuerst, die wir »Jüngergemeinde im besonderen Sinn« sein wollen, hätten uns diesem Anspruch zu stellen. Gerade wir Ordensleute dürften uns nicht zu häuslich einrichten in dieser Welt, wir hätten Nonkonformisten zu sein: Menschen, die weiterdrängen, weil sie an den glauben, der uns immer voraus ist und der uns herausführen will aus unseren selbstgebauten Sicherheiten und Provisorien, aus dem Status quo unserer menschlichen Genügsamkeiten, auch aus dem Status quo unserer kirchlichen, »ordensgemäßen« Vorläufigkeiten. Gerade wir Ordensleute müßten nach innen und außen beweglich bleiben, müßten als »Pilgernde« das Reich Gottes bezeugen, das überall aufbrechen kann, das stets im Kommen ist, für das wir immer auf dem Sprung zu stehen hätten. Orden hatten immer etwas Beunruhigendes an sich, zumindest in ihrer Ursprungszeit.

Darum will dieses Buch nicht aufweisen: Seht, so sind wir! Es will sagen: So versuchen wir zu leben, in diese Richtung gehen wir, wenn wir dabei auch oft auf der Strecke bleiben. Sie werden bei der Lektüre feststellen: *Nachfolge Christi ist kein Erfolgsprogramm.* Auch Nachfolge Christi in Gemeinschaft, wie sie in den Orden versucht wird, bleibt immer hinter demjenigen zurück, der uns zusammengerufen hat als seine Jüngergemeinde. Nur er kann die Gewähr sein, daß der Weg, den Christen in ihren Ordensgemeinschaften eingeschlagen haben, ein verheißungsvoller Weg ist. Verheißungsvoll, so bleibt zu hoffen, auch für andere.

Felix Schlösser CSSR

Michaela Bank SCMM
MISSIONSÄRZTLICHE SCHWESTERN

Es geschah einfach ...

Man langte sich an den Kopf: Wie ist das möglich? Du, eine Nonne? Oft hat man mich das gefragt.
Unserer Gründerin, Anna Dengel, ging es nicht anders. Mit all ihrer Weisheit und Lebenserfahrung wußte sie nichts Besseres über den Anfang der »Genossenschaft Missionsärztlicher Schwestern« zu sagen als: »... Es geschah einfach ... Unsere Gemeinschaft ist Gottes Wille«.
Es geschah einfach – so kann ich auch über mein Leben schreiben.

1943 wurde ich als Älteste von acht Kindern geboren. Meine Eltern liebten jeden einzelnen von uns, aber das brachte »Nachteile«. Ich konnte nicht weiterstudieren, sondern mußte nach der Volksschule mit der kaufmännischen Lehre beginnen. Die Ausbildungsbeihilfe kam meinen Geschwistern zugute. Wenn ich schon nicht weiterstudieren konnte, so wollte ich aber auch kein »Büromensch« werden. Das hätte mich zu sehr von den Menschen isoliert. Ich wollte mit vielen Menschen zu tun haben.

So träumte ich von einer Teilnahme an den Olympischen Spielen und stürzte mich nebenberuflich in den Leistungssport. Bis meine Träume jäh zerplatzten: Die Inventur der Firma, bei der ich arbeitete, ergab ein hohes Defizit. Für mich hieß das: Beurlaubung – Verdächtigung – Verleumdung – Einsamkeit. Und damit: Zeit zum Nachdenken. Als man dann den Schuldigen ausfindig machte, war das für mich wichtig, aber nicht wesentlich. Meine Ruhmes- und Traumwelt war zusammengefallen.

Ich meldete mich ein Jahr zu einem freiwilligen Krankenhauseinsatz, um mit mir ins Klare zu kommen. Bei der Begegnung mit Krankheit und Leid, bei dem Erleben des Todes ging mir auf, wo die Prioritäten lagen. Christus wurde mir zur Wirklichkeit. Nicht, als ob ich bis dahin nicht um ihn gewußt hätte. Als Jugendführerin im BDKJ konnte ich bewegt über ihn reden. Aber die Auseinandersetzung mit ihm hatte mich noch nicht gefordert.

Zwei Jahre nach meiner Krankenhaustätigkeit schloß ich mich der Gemeinschaft der Missionsärztlichen Schwestern an. – Und Gott hat Humor! Da hatte ich die zerstörische Macht des Geldes in meinem Leben erfahren und wollte nie wieder etwas mit ihm zu tun haben. Aber das dauerte nur bis kurz nach meiner Profeß. Da fand ich mich auf der Schulbank wieder und holte das Abitur nach. Dann studierte ich Betriebswirtschaft. Heute bemühe ich mich als Generalprokuratorin unserer Gemeinschaft, mit Hilfe der Mitschwestern Wege und Möglichkeiten für eine bessere und gerechtere Verteilung von Geldern und Gütern zu finden.

Mein Bedürfnis »mit den Menschen zu sein«, sah ich plötzlich als Oberin und Formationsleiterin für die Einführung junger Frauen in das Ordenleben »erfüllt«.

Was mich noch heute fasziniert

Missionsärztliche Schwestern: Was fasziniert mich noch heute an ihnen? Vielleicht kann ich drei Punkte, die mir am wichtigsten erscheinen, herausgreifen: *Die immer neue, lebendige Begegnung mit Christus. Das Arbeiten mit oder für Randgruppen der Gesellschaft. Die Offenheit für den jeweiligen Anruf Gottes.*

Jesus verkündete: »Das Reich Gottes ist nahe«. Dieses neue Reich, das mit Christus begonnen hat, wird zunächst einmal dadurch verwirklicht, daß der einzelne sich um sein volles Menschsein in Christus müht. Das Leben ist ein ständiger Prozeß der Bekehrung, des Sterbens und Neuwerdens, kurz: des Heil-werdens. Davon sind wir nicht ausgeschlossen.

Wir werden erst in dem Maß fähig, das Leben anderer Menschen zu teilen und Heilung zu bringen, als wir unsere eigene Verwundbarkeit erkennen und akzeptieren. Dazu brauchen wir die tägliche Begegnung mit Christus. In ihr erfahren wir unsere Heilung. Es ist ein Muß, daß wir unser Verständnis von Gottes heilmachender Liebe in unserem eigenen Leben vertiefen. Dann kann diese Liebe zu einer Kraft werden, die uns und alles was wir tun, durchdringt.

Die Nachfolge Christi und sein Auftrag »Gehet hin zu allen Menschen« verlangt eine Antwort, die allein aus dem Glauben heraus gegeben werden kann. Sie gelingt nur im Vertrauen auf Gottes Liebe und ist als Ja-Wort keine einmalige Angelegenheit. Wir wissen nie, was diese Antwort auf den Anruf Gottes bringen und welchen Weg sie uns führen wird. Aber eines ist sicher: Am Ende steht immer – gleich ob durch Leiden, Kreuz oder Tod – neues Leben.

Wenn wir als Ordenschristen den Auftrag Jesu »Geht hin in alle Welt« ernst nehmen wollen, müssen wir von einer Glaubenskraft erfüllt sein, die sich mitten in der Welt total einsetzt, das heißt, wir dürfen kein Risiko scheuen, das Reich Gottes zu verwirklichen. Wir müssen durch unser Dasein Zeugnis ablegen für das Kommen Christi in unserer Welt, das geschehen ist und noch immer geschieht. Und das können wir nur durch ein Leben des Gebets und der Meditation. Durch ein Leben, das ganz in Christus verwurzelt ist.

Die Begegnung mit dem Herrn geschieht vor allem in der Eucharistiefeier, in der unsere Kraft, das Brot des Lebens, die immer neue Quelle der Freude, des Friedens, der Liebe und der Hoffnung ist; und unser Ausdruck des Dankens und des Lobes.

Jesus, der vom Vater gesandt wurde, »um den Armen die Heilsbotschaft zu bringen, um Gefangenen die Befreiung und den Blinden das Augenlicht zu verkünden, um die Zerschlagenen in Freiheit zu setzen und ein Gnadenjahr des Herrn auszurufen«, gibt diesen Auftrag an uns weiter: »Wie mich der Vater gesandt hat, so sende ich euch!«

Nahe bei den Menschen

Die Kongregation der Missionsärztlichen Schwestern, die 1925 von der Tiroler Ärztin Dr. Anna Dengel in den USA gegründet wurde, hat durch die 50 Jahre ihrer Existenz immer wieder versucht, das Leid der Menschen in vielen Ländern zu lindern. Ursprünglich geschah dies hauptsächlich in Krankenhäusern, die es manchmal noch zusätzlich zu bauen galt, um Krankheiten, dem jeweiligen Stand der Medizin entsprechend, mit wissenschaftlichen Methoden zu bekämpfen. Damals noch keine Selbstverständlichkeit, da es Ordensschwestern verboten war, Medizin zu studieren oder in all ihren Gebieten zu praktizieren. Mit der Zahl der Schwestern und der allgemeinen Zuname an Fachkräften und Krankenanstalten – auch im Säkularbereich in Entwicklungsländern – erweiterte sich das Betätigungsfeld der Schwestern. Jetzt hat sich der Schwerpunkt vom rein medizinischen Gebiet auch auf paramedizinische Betätigungsfelder gelegt.

In 25 Ländern der Erde sorgen heute die Missionsärztlichen

Schwestern als internationale Ordensgruppe für Kranke und Sterbende. Sie begegnen buchstäblich den Aussätzigen der Heiligen Schrift. Sie teilen die Sorgen der Mütter und Kinder Afrikas, Südamerikas und Asiens. Und kommen in enge Berührung mit den Problemen der Welternährung, Bevölkerungsexplosion, der Flüchtlinge und Heimatlosen. Sie erleben mit, wie Menschen unter sozialer Ungerechtigkeit leiden, von machtstrebenden Regierungen ausgebeutet, unterdrückt und ihrer Menschenwürde beraubt.

Ich habe erlebt, wie Menschen vor Hunger weinten. Wie sich eine Mutter in einem Dorf Venezuelas entscheiden mußte, ob sie das Essen, das nicht einmal für ein Kind genug war, ihrem Bedürftigsten geben sollte oder dem, das noch die größte Überlebungschance hatte. Dabei wußte sie aus Erfahrung, daß das Schwächste in jedem Fall sterben würde.

Fragen sozialer Gerechtigkeit, die mich schon vor meinem Eintritt berührt hatten, sind auch bei den Missionsärztlichen Schwestern heute mehr denn je akut, umso »hautnaher«, als sie mit den Problemen der Entwicklungsländer konfrontiert werden. Sie werden in der jeweiligen Situation immer von neuem aufgegriffen und beunruhigen im Hinblick auf die eigenen Lebensverhältnisse.

Mit Jesus

Jesus selbst hat sich mit den Bedürftigen, Kranken, Verlorenen, Sündern und Außenseitern der Gesellschaft seiner Zeit identifiziert. Die Missionsärztlichen Schwestern sehen es als ihre Pflicht an, mit den Menschen, mit denen sie im engen Kontakt leben, nach Frieden, Gerechtigkeit und um Menschenwürde zu ringen: sich bewußt für sie einzusetzen.

Christus nachfolgen heißt, das Reich Gottes zu verwirklichen suchen in einer Welt, in der viele Menschen Leid, Krankheit und Tod nicht wahrhaben wollen. Dabei kann die Hilfe vielerlei Gesichter haben: Mithilfe bei der Gründung einer »Kooperativen«; Anleitung zu einer Altersversorgung; Hausbesuche; Impfungen; Ermöglichung von Brunnenbau; Nachschau und Fürsorge nach der Krankehausentlassung; Gemeindepflege; Betreuung von alten Menschen; Unterricht in Hygiene und sanitären Maßnahmen – um nur einiges zu nennen. Auch direkte Evangelisation spielt in Südamerika eine Rolle.

Was mich an den Missionsärztlichen Schwestern angenehm berührt, ist die Tatsache, daß sie auch Menschen sind. Menschen, die selbst immer wieder der Heilung bedürfen. Es gibt Augenblicke, wo sie vor Angst davonlaufen wollen. Wo die Fragwürdigkeit des Glaubens ausgehalten werden muß. Warum sollten ihnen diese Augenblicke auch erspart bleiben? Sie wollen sich ja gerade nicht zu den Privilegierten zählen.

Und auch das gehört dazu: daß die letzten Reserven oder Sicherheiten schwinden. Denn die hat der wirklich Arme auch nicht. Dann bleibt nur das eine, das jegliche Anfechtung überdauert, das Wort des Herrn: »Bleibt in mir, denn getrennt von mir könnt ihr nichts tun«.

Nur die Sicherheit in Christus bürgt. Dazu gehört auch die Hellhörigkeit auf Gottes Anrufe. Die Offenheit für ihn, für neue Möglichkeiten. Mission: das Gottesreich sichtbar machen in der konkreten Situation. Die heilende Gegenwart des Herrn verwirklichen.

Ich bin dankbar, daß ich eine der 700 Schwestern sein darf, und ich möchte es um nichts in der Welt mehr missen, »dabei« zu sein. Selbst auf die Gefahr des Risikos hin. Das Risiko, das ein Leben für den Auftrag Gottes, ein Leben ohne Vorbehalt in sich birgt: als Antwort auf die Liebe Gottes.

Cordula Bischopink
BENEDIKTINISCHE GEMEINSCHAFT »VENIO«

Umschlagplatz – Kreuzungspunkt

Geboren 1936, Vater Universtätsassistent der Volkswirtschaft in Köln, Mutter Romanistin, einziges Kind. Dem Geburtsjahr entsprechend war die Kindheit gekennzeichnet durch Krieg und Nachkriegszeit: Bombenkrieg, Vater früh gefallen, Zwangsevakuierung nach Schlesien, Flucht. Gymnasialjahre in Detmold und Düsseldorf, Abitur 1956.

Von katholischem Milieu keine Spur. Die Familie zeigt eher »ökumenische« Reichweite: der Vater katholisch, die Mutter evangelisch (nicht praktizierend), die Großeltern (bei denen ich seit 1950 lebte) bewußt lutherisch, eine Tante orthodoxe Ordensfrau. Es war mir sympathisch, daß alle Stationen katholischen Lebens auf eigener Entscheidung beruhten: Erstkommunion (mit 12 Jahren) in der Diaspora, Firmung (nach Umzug ins Rheinland, wo alle Gleichaltrigen längst gefirmt waren) mit den Erwachsenen. Interesse an Theologie gewann ich durch den Religionsunterricht und den Pfarrgottesdienst. Katholische Jugendgruppen und aller offizielle Katholizismus dagegen waren mir suspekt.

1956 Studium der Philosophie, Theologie und Geschichte (später auch Latein) in Köln, Münster, München. 1958 Eintritt in die Benediktinische Gemeinschaft »Venio« in München. 1962 Staatsexamen in Latein, Theologie, Geschichte. Teilnahme an der Synode (Sachkommission Glaubenssituation und Verkündigung, speziell Mitarbeit beim Thema Religionsunterricht), dadurch neben fachlicher Fortbildung und persönlichen Kontakten auch Erweiterung des Kichenbildes über die Erfahrungsräume von Pfarrei, Studentengemeinde und Kommunität hinaus.

Heute Unterricht an einem Städtischen Gymnasium in München in Latein, Religion und Geschichte. Mitarbeit in der Arbeitsgemeinschaft der geistlichen Schwestern der Diözese in der regionalen Fortbildung. In der Kommunität verantwortlich für die Auswahl der Lesungen (alter und neuer Autoren) im Stundengebet.

Geistiger Standort

Bei der Überlegung, wie man die Funktion einer geistlichen Gemeinschaft ausdrücken könnte, fallen mir nicht zuerst theologische Definitionen ein, sondern es taucht ein Bild auf, das einem ganz anderen Bereich entstammt. Ich stelle mir eine Art Umschlagplatz vor, einen Ort, an dem viele Wege, Menschen und Güter zusammentreffen: einen höchst belebten Platz, an dem Geistliches und Weltliches, Göttliches und Menschliches, Zeitliches und Ewiges ausgetauscht und verbunden werden. Schon in der einzelnen Kommunität selbst treten Menschen mit den verschiedensten Talenten und Berufungen in Gemeinschaft und in Austausch miteinander. Hierher bringen sie aus den vielerlei Beziehungen und Aufgabenkreisen Erfahrungen, Probleme, eigene und fremde Freuden und Leiden. Hierher kommen andere Menschen mit wiederum vielfältigen Gaben und Lasten.

All dies steht aber zugleich in einem noch andersartigen Austausch. Eine geistliche Gemeinschaft versteht Christus als den Ursprung und die Mitte ihrer Existenz. Sie versucht, vom Wort Gottes und den Sakramenten her zu leben. Ganz unwillkürlich oder auch sehr bewußt wird alles, was dem einzelnen oder dem Ganzen begegnet, zu dieser Mitte in Beziehung gesetzt. Es entsteht etwas wie ein gegenseitiges Beleben zwischen den vielfältigen Situationen einerseits und den biblischen und liturgischen Texten andererseits. Viele Probleme werden in ausdrücklicher Fürbitte vor Gott getragen, anderes versucht man, in vielleicht lang anhaltendem Fragen, an der Seite des betroffenen Menschen Gott hinzuhalten. Umgekehrt regen neue Situationen und Erfahrungen oft plötzlich ein neues Verständnis der altgewohnten Worte der Heiligen Schrift an.

Diese Vorgänge beschränken sich natürlich nicht auf den Raum des Gebetes (wenn auch hier vielleicht in größerer Bewußtheit und Intensität), sie wären aber nicht wirklich, wenn sie sich nicht ausdrückten in allen Tätigkeiten, die eine Kommunität innen und außen wahrnimmt. Kurzum, ein erstklassiger »Arbeitsplatz«! Wenn man bedenkt, mit wie kostbarem »Material« man zu tun hat als Helfer an diesem Umschlagplatz: die Wahrheit und Liebe Gottes zu suchen, sie aufzunehmen, damit umzugehen, sie ab und zu weitergeben zu können an jemanden, dem sie hilft!

Vielleicht könnte man statt von einem Umschlagplatz besser von einem Kreuzungspunkt sprechen, wie die Kirchenväter es oft taten, wenn sie im Kreuz mit seinem horizontalen und vertikalen Balken die Einheit der Menschen untereinander und die Verbindung von Göttlichem und Menschlichem ausgedrückt fanden.

Eine alte Regel unter heutigen Bedingungen

Wahrscheinlich hängt das hier skizzierte Bild vom Ordensleben mit der spezifischen Form zusammen, in der ich persönlich es erfahre. Ich gehöre dem Haus »Venio« an, einer Benediktinischen Gemeinschaft, die Chorgebet und Leben nach der Regel des Hl. Benedikt mit weltlicher Berufstätigkeit der einzelnen (ohne Habit und Klausur) verbindet. Da wird der Austausch zwischen Gottesdienst und beruflichem Alltag ständig augenfällig, wenn die Schwestern jeden Tag aus dem morgendlichen Chorgebet in die verschiedenen Berufe gehen und abends zur Vesper zurückkehren.

Wir feiern die Messe als Choralamt, das Offizium ebenfalls in Gregorianischem Choral, abwechselnd in lateinischer und deutscher Sprache. Diese relativ ausgedehnte und feierliche Form des gemeinsamen Gebetes, wie man sie vielleicht eher bei Kontemplativen Klöstern erwartet, scheint mir gerade bei einer nach außen geöffneten Struktur notwendig und hilfreich. Aus den wechselnden Anforderungen des Berufes taucht man immer wieder ein in den Reichtum der Liturgie und bringt in das liturgische Beten die Ereignisse und Begegnungen des Tages ein. Auch im Hinblick auf die Kommunität ist das gemeinsame Gebet von entscheidender Bedeutung: Hier hat das gemeinsame Leben seinen Ursprung, von dem aus es sich in alle anderen Bereiche entfaltet.

Diese Form einer geistlichen Gemeinschaft mit weltlichen Berufen kommt vielen besonders anstrengend vor wegen des ständigen »Klimawechsels« zwischen außen und innen. Aber diese gewiß nicht gemächliche »Doppelberuflichkeit« hat gleichzeitig große Möglichkeiten in sich. Das Leben in der Gemeinschaft und im Beruf regen sich gegenseitig an, korrigieren sich auch gelegentlich. Beispielsweise wird man schnell von einer wirklichkeitsfernen Frömmigkeit und Sprechweise kuriert, wenn man täglich in einer Umgebung arbeitet, die religiösen Gesichtspunkten nicht nur positiv oder fragend, sondern oft uninteressiert oder ablehnend gegenübersteht. Umgekehrt gewinnt man aus Bibel, Liturgie und Regel Maßstäbe und Korrektive für seine berufliche Arbeit.

Der ursprünglichen Idee Benedikts, die er zur Zeit der Völkerwanderung von einem Kloster entwarf, scheint diese Form ganz fern zu stehen. Bei ihm sollte sich ja alles innerhalb eines abgeschlossenen Bezirks abspielen, die Beziehungen zur Außenwelt wurden möglichst gering gehalten. Tatsächlich haben die äußeren Umstände sich sehr gewandelt, aber die Grundlinien des Entwurfs Benedikts erweisen sich als erstaunlich wenig zeitgebunden. Man macht die Entdeckung, daß sich gerade aus dieser so alten Regel »Altes und Neues hervorholen« läßt, das durchaus für unsere Zeit anwendbar und hilfreich ist. Wirklich, ein Wort wie dieses, mit dem er die angezielte Haltung des Mönches umschreibt, ist nicht im Laufe der Jahrhunderte unbrauchbar geworden: »Amori Christi nihil praeponere« – »Der Liebe Christi (oder: zu Christus) nichts vorziehen«. Aber auch in Bereichen, die zeitgebundener sind, ist vieles von unveränderter Aktualität: Manche Kommune wäre glücklich, den Schatz von bewährten und durchlebten Erfahrungen gemeinsamen Lebens zu kennen, die diese alte Regel aus höchst autoritären Zeiten enthält!

Gerade die Verknüpfung des »ora et labora« (was übrigens in der Regel nicht in diesem Wortlaut steht, aber sicher eine Intention Benedikts wiedergibt), paßt gut zur Struktur eines Säkularinstituts. Ich finde es jedenfalls sehr reizvoll, zu fragen und zu erproben, wie eine Regel, die durch so viele Jahrhunderte geistliches Leben geprägt hat, unter heutigen Bedingungen gelebt werden kann.

Eine Anregung dazu kann man schon in der Formulierung finden, die die Gelübde bei Benedikt haben. Neben den Gehorsam stellt er die »Beständigkeit in der Gemeinschaft« (in dieses Gelübde sind Ehelosigkeit und völlige Gütergemeinschaft ohne persönlichen Besitz einbezogen) und die »Umkehr der Lebensweise«. Dem eher bewahrenden Element der »stabilitas« stellt er also ausdrücklich die Forderung nach Veränderungsbereitschaft (des einzelnen und der Gemeinschaft) zur Seite. Man ist also auf gut benediktinischem Boden, wenn man versucht, die Spannweite zwischen Tradition und zeitgerechter Anpassung zu erproben und auszuhalten.

Wichtig für die Kirche

Eine wichtige Aufgabe der Orden sehe ich in ihrer Funktion innerhalb der Kirche. Zunächst sind es Räume intensiver Hinwendung zu Gott; Räume, in denen man nichts Wichtigeres zu tun hat, als Gott zu suchen. Schon das ist sicher eine unentbehrliche Funktion innerhalb der Kirche. Aber noch in anderer Hinsicht scheinen mir die Orden eine Aufgabe gegenüber der Kirche zu haben: Hier können Dinge erprobt werden, in denen die Kirche als ganze neue Wege finden muß; und zwar erprobt nicht in einem flüchtigen Experiment, sondern mit dem Einsatz eines ganz zur Verfügung gestellten Lebens. So könnten etwa die Franziskaner, beispielhaft für alle in der Kirche, Formen der Armut, der Unabhängigkeit vom Konsumzwang usw. entdecken. Ein speziell benediktinischer Beitrag kann es sicher sein, Strukturen gemeinsamen Lebens im Zusammenspiel von Autorität und Mitverantwortung, von Freiheit und Bindung sichtbar zu machen, die eine Modifikation des Hierarchischen Prinzips der kirchlichen Autoritätsausübung nahelegen könnten.

Natürlich sind alle diese Elemente christlichen Lebens keine Privilegien für Ordensleute. Jeder Christ jeden Standes kann eine Stelle des Kontakts zwischen Gott und Menschen sein. Aber bestimmt haben die geistlichen Gemeinschaften hierbei besonders günstige Möglichkeiten: Hier ist man zusammen unterwegs und kann sich gegenseitig helfen, für Gott verfügbar zu werden und zugleich offen zu sein für die Menschen.

Walbert Bühlmann OFMCap
GENERALSEKRETARIAT FÜR DIE MISSIONEN DER KAPUZINER

Nach dem Evangelium des Hern leben zu dürfen

Geboren in Luzern am 6. August 1916 - Fest Christi Verklärung und ein Sonntag! – bekam der 12. Juli in meinem Leben eine größere Bedeutung: an diesem Tag feierte ich 1942 die Primiz, machte ich an der Universität Freiburg 1945 das Lizenziat und 1949 das Doktorat in der Theologie, begehe ich alljährlich das Fest meines Ordenspatrons Walbert. Weitere Daten: 1950–1953 lernte ich in Tanganjika das Missionshandwerk von der Picke auf. Daraufhin war mein Standort in Freiburg, seit 1971 in Rom als Generalsekretär der Missionen des Kapuzinerordens. Ich machte wiederholte Reisen in allen drei südlichen Kontinenten, hielt Vorträge, schrieb Artikel und Bücher (zusammengestellt in: Wandlung zum Wesentlichen. Der Sinn der Evangelisierung, Münsterschwarzach 1976). Mein bedeutendstes Buch war »Wo der Glaube lebt. Einblicke in die Lage der Weltkirche« (Herder [7]1977), mein originellstes jenes, das gleichzeitig mit dem hier vorliegenden Buch auf den Markt kommt unter dem Titel: »Missionsprozeß in Addis Abeba. Ein Bericht von morgen aus den Archiven von heute« (Knecht).

Berufung

Dieser äußerde Ablauf des Lebens ruht, wenn man so sagen will, auf vier festen Pfeilern. Zunächst die Berufung. Ich glaube, es sei nicht Unbescheidenheit, sondern gehöre mit zur Aktualisierung der Heilsgeschichte, wenn ich das Wort des Propheten Jesaja (49,1) auf mich anwende: »Der Herr berief mich vom Mutterleib an. Vom Mutterschoß an benannte er mich.« Ich hätte eigentlich als jüngstes von acht Kindern nicht mehr ins Leben treten sollen. Die Ärzte malten meiner Mutter alle Risiken einer neuen Geburt vor Augen. Trotzdem trug sie die Last zu Ende, hat sich und offenbar mich gänzlich in die Hände Gottes gelegt. Von ihr habe ich vieles geerbt. Sie starb an Tuberkulose; ich machte mein ganzes Universitäts-Studium mit einem Pneumothorax. Sie litt sehr an Migräne; ich habe dieselbe Veranlagung, die einen im akuten Fall zwingt, sich hilflos Gott zu überlassen und die letzte Berufung, die Ab-Berufung einzuüben. Sie hatte eine große Verehrung für die Kapuziner und eine große Liebe zu den Missionen; ich habe beides mitgeschenkt bekommen. Meine Berufswahl war im Grunde nicht eine Entscheidung zwischen verschiedenen realen Möglichkeiten, sondern bloß ein bewußteres Gehen desselben geradlinigen Weges.

Entdeckung

Erst die nachträgliche Reflexion und die praktische Erfahrung des Kapuzinerlebens ließen mich allmählich die Entdeckung machen, was es um Franziskus und seine Nachfolge sei. Man kann über Franziskus von Assisi sehr viel sagen und schreiben, man kommt ihm nie auf den Grund. Man kann ihn nur erahnen, wie auch er intuitiv, irrational, durch »göttliche Eingebung« seinen Weg gesucht und gefunden hat. Sechsmal steht in seinen Schriften: »Der Herr sagte mir . . . Gott gab mir ein . . . der Allerhöchste offenbarte mir . . .«.

Der Grundgedanke seines Lebens war, das Evangelium ernst zu nehmen, es zur Grundlage seines Lebens zu machen. Die mündlich approbierte Regel, spontaner Ausdruck seiner Konzeption (während die durch eine Bulle approbierte vom Juristen Kardinal Hugolin gehörig frisiert wurde) ist nichts anderes als eine Sammlung von Bibelstellen, von denen Franziskus betroffen war und die er auch seinen Brüdern als Leitworte mit auf den Weg geben wollte. Seine originelle Idee war also etwas Selbstverständliches und doch Ungewohntes: ganz radikal nach dem Evangelium zu leben. Im Film von Zefirelli ist das großartig dargestellt: Der kleine Franz, barfuß und in zerlumptem Rock in der Basilika voll von Bischöfen und Kardinälen in ihrem Prunk; Papst Innozenz III. steigt von seinem hohen Thron Stufe um Stufe herunter, nähert sich dem komischen Menschen von Assisi und fragt ihn: »Was wünschst du eigentlich von mir, daß ich dir tue?« Die Antwort: »Ich bitte um nichts anderes als um die Erlaubnis, nach dem Evangelium des Herrn leben zu dürfen.« Damit ist die ganze Tragik ausgedrückt: Es brauchte damals in der Kirche Erlaubnis, um das Selbstverständlichste tun zu dürfen.

Indem Franziskus dieses Vergessene wieder selbstverständlich machte, hat er das II. Vatikanische Konzil um 750 Jahre vorweggenommen. Dieses Konzil hat im Grunde, nach Jahrhunderten einer abstrakten Theologie, wieder das Evangelium zur Grundlage genommen. Die ganze Kirche ist damit »franziskanisch«, das heißt »evangelisch« geworden. Die Franziskaner haben somit nicht mehr ein Monopol mit ihrer Spiritualität, sondern höchstens die Funktion, die Bannerträger der Erneuerung durch das evangelische Leben in der Gesamtkirche zu sein.

Im Unterschied zu den heutigen Hippies, die auch aus der Welt fliehen, aber ohne zu wissen wohin, war sich Franziskus klar, wem er ein Leben anvertraut hatte. Die Utopie des Evangeliums, vor allem der Bergpredigt, zu leben, das war die Alternative, die für ihn viel sicherer und wirksamer wurde als alle menschliche Berechnung. In dieser Haltung ging er trotz hundert Wenn und Aber seinen Weg; damals, als die Kreuzfahrer in Ägypten ihn abhalten wollten, den Sultan aufzusuchen; damals, als Papst und Bischöfe ihm nicht glauben wollten, daß man in der vollkommenen Armut leben könne. Er hat damit – nicht in Worten, sondern durch seine Taten – allen »Freischärlern« in der Kirche die bleibende Botschaft zurückgelassen, nur ein Gesetz und eine höchste Norm zu kennen: nach dem Evangelium Christi zu leben und »in göttlicher Eingebung« das je in die konkrete Tat umzusetzen.

Sendung

Damit ergibt sich die Sendung der franziskanischen Ordensleute heute – eigentlich besser: aller Christen in der nachkonziliaren Kirche. Unser bleibendes Charisma ist es, die Radikalität der Nachfolge Christi vorzuleben, dadurch die innerste Berufung des Christen sichtbar zu machen, die eschatologische Hoffnung glaubhaft zu machen.

Neben diesem überzeitlichen Charisma gibt es noch ein je aktuelles: die Zeichen der Zeit zu verstehen, die Lage der Kirche prophetisch zu deuten, Anstoß zu entsprechenden Reaktionen zu geben, wie es Franziskus und alle Gründer und Gründerinnen religiöser Institute in ihrer Zeit taten. Die Ordensleute sollen – dank ihrer größeren Muße, ihrer besseren Ausbildung, ihres radikalen Mutes – in der

Kirche im je richtigen Augenblick die je richtigen Reaktionen mit prophetischem Mut auslösen und durchführen, modern ausgedrückt: Marktforschung betreiben und die entsprechende Marktlücke füllen.

Es ist daher nicht Zufall, sondern entspricht ihrer wesentlichen Aufgabe in der Kirche, wenn die Ordensleute zu allen Zeiten »den größten Anteil an der Evangelisierung der Welt leisteten« (Ad gentes 40). In evangelischer Freiheit sind sie für die Kirche verfügbar, bereit, wie Abraham Haus und Familie, Erde und Land zu verlassen und zu wandern, wohin es Gott je eingibt. Sie sind auch heute die Bannerträger der Evangelisierung (Evangelii nuntiandi 69), nicht bloß in den »Missionen«, sondern überall, da die Kirche sich heute in allen sechs Kontinenten im Zustand der Mission befindet. Mehr als in der Vergangenheit, wo die Heimatkirche scheinbar gesicherte, seßhafte Volkskirche war, müssen die Ordensleute heute in dieser Heimatkirche, die im Zerfall ist, die hilflos der lautlosen Abwanderung der Jungen gegenübersteht, missionarische Methoden ausdenken und auslösen. Aus der seßhaften Christenheit ist ein Nomaden-Christentum geworden. Man lebt nicht mehr in der vorgegebenen Glaubens-Sicherheit von früher. Jeder geht seinen Weg. Damit aber wird er ein Suchender. Und damit ergibt sich für die Kirche die Aufgabe, mitzuwandern, um im richtigen Augenblick das Wort des Heiles an diese unruhigen Menschen zu sagen. Diese neue Wander-Methode der Evangelisierung zu entwickeln, ist wohl die vorzügliche Aufgabe der Ordensleute heute.

Hoffnung

Damit werden sie zu Trägern der Hoffnung. Früher waren sie oft Spezialisten der Höllenpredigt. Das Konzil hat ihnen geholfen, wieder den Kern ihrer Sendung zu entdecken, Menschen der Hoffnung zu sein. Zunächst in ihrer eigenen Lebenserfahrung. Unser »Stand der Vollkommenheit« ist voll von Unvollkommenen. Wir erfahren wie andere Christen unsere eigene Schwäche. Aber eines sollten wir ihnen voraus haben, daß wir selbst diese Schwäche in Hoffnung interpretieren, und dann auch der Kiche und der Welt diese Hoffnung verkünden. Mein Buch »Wo der Glaube lebt« beginnt nicht umsonst mit den Worten: »Man redet heute zu viel von der Krise und zu wenig von den Chancen der Kirche.« Es wollte ein Buch der Hoffnung werden, weil es die Heilsgeschichte ernst nimmt, die sich nicht bloß damals, vor 2000 Jahren, abwickelte, sondern die Jahwe, der Gott *der* Geschichte, und Christus, der Gott *in der* Geschichte, heute mit ihrem Volk, mit allen Völkern machen. Eine Geschichte, die bei so viel vordergründigem Unsinn einen letzten, tiefen Sinn hat und darum in Hoffnung durchgestanden und mitgemacht werden soll.

Die Ordensleute brauchen selbst in der gegenwärtigen Krise des Ordenslebens noch lange nicht den Kopf hängen zu lassen. Sie haben seit dem Konzil in ihren Konstitutionen und in ihrem Leben eine echte Erneuerung durchgemacht. Sie werden darum nicht aussterben. Franz von Assisi erhielt für seine Gemeinschaft eine Offenbarung, daß der Herr, ihr erster Verantwortlicher, sie nicht aussterben lasse. Und sollte sie einmal selbst auf drei Mitglieder zurückfallen, sie würde sich dann wieder neu zu entfalten beginnen (2 Cel 158). Es liegt also noch gar kein Grund zur Mutlosigkeit vor, wohl aber aller Grund zur Hoffnung.

Hugoline Elisabeth Deselaers SSPS
STEYLER MISSIONSSCHWESTERN

Zusammen mit andern Christi Liebe weitertragen

Im November 1932 kam ich auf dem Brückershof in Vernum bei Geldern zur Welt. Im Kreise einer Groß-Bauernfamilie verbrachte ich eine unbeschwerte Jugendzeit. Meine Eltern waren arbeitsame, fromme Menschen. Aus der Kindheit erinnern wir uns alle gut daran, wie die Eltern abends noch lange im Nebenzimmer beteten, nach dem gemeinsamen Abendgebet und Rosenkranz in der Stube. Nach der Schulzeit arbeitete ich auf dem elterlichen Hof und widmete mich der Jugendarbeit (jahrelang Vorsitzende der Landjugend). Mit 23 Jahren, nachdem ich wirklich wußte, was die Welt bieten konnte, trat ich in Holland dem Steyler Missionsorden bei. Postulat und Noviziat verbrachte ich in Steyl, dann war ich mehrere Jahre in Rom tätig. Danach folgten zwei Jahre Ausbildung in Bonn für Verwaltungsaufgaben. Vor zehn Jahren kam ich hier nach Surabaya in Indonesien, wo ich in einem Betreuungszentrum für unsere Missionsstationen auf den Inseln Flores, Timor, Lombok, Bali und Sumba arbeite. Surabaya ist nach Jakarta die größte Stadt Javas, und unsere Missionsschiffe gehen von hier zu den einzelnen Inseln, zu unseren Schwestern und Brüdern, welche auf diesen einsamen Inseln arbeiten. Für viele Missionare ist die Einsamkeit eines der schwersten Opfer. Seit Jahren versuche ich, den vielen Anforderungen dieser Menschen in vorderster Linie gerecht zu werden.

Immer geht es um die harten Notwendigkeiten des täglichen Lebens, um Nahrung und Kleidung, um Zement, Nägel und Wellblech, um tausenderlei Kleinigkeiten. Daneben drängt es mich immer wieder, auch für die Probleme der Armen da zu sein, für die Familien der einheimischen Mitschwestern, die Angestellen usw. Die jedes Jahr wiederkehrende Hungersnot, in der Zeit der Aussaat bis zur Ernte, ist hart. Wenn auch einige Schwestern in der Katechese tätig sind, so ist doch die durchaus größere Zahl unserer Arbeiten auf das unmittelbare Helfen ausgerichtet. Es heißt schlicht, helfen in der Not. Und Wege weisen, damit sich die Menschen selber helfen lernen. Wir wollen raten und helfen, um auch dem Erdenleben der armen Indonesier Sinn und Erfüllung zu geben.

Aufgabe und Sinn des Ordenslebens heute

Die eigentliche Aufgabe des Ordenslebens hat sich nicht geändert, sondern ist dieselbe geblieben. Sie wird auch immer dieselbe bleiben: nämlich ein durchaus ehrliches christliches Leben mit allen seinen Konsequenzen, inspiriert von der Person Christi, wie wir ihn aus dem Evangelium kennen. Die drei Gelübde sollen Mittel sein, um das Ziel zu erreichen; sie dürfen nicht selber zum Ziel werden. In der Vergangenheit achtete man zuviel auf Bestimmungen und allerlei kleine Anordnungen, besonders was die Armut und den Gehorsam betraf, so daß öfter das christliche Leben nicht genügend sichtbar gemacht wurde und sich hinter den vielen kleinen Vorschriften verbarg. Das Ideal, wie es aus den Evangelien spricht, kam nicht deutlich hervor. Der Geist Christi und sein Evangelium sind es, die – heute mehr als früher – die Ordensleute inspirieren.

Die Grundidee Jesu ist immer: Liebe zu Gott, Liebe zu den Menschen. Alle Christen, und erst recht die Ordensleute, sollen sich ihrer Würde als Söhne und Töchter Gottes bewußt werden. Durch die Taufe und den Glauben stehen wir zu Gott wie Kinder zu unserem Vater, der nur Liebe ist: »Abba Vater!« Die Liebe aber muß heranwachsen, muß eingeübt, erprobt, gestärkt werden. Und dies verwirklicht sich in unserer Liebe zu den Menschen. Die meisten aktiven Orden und Kongregationen sind wirksam auf der sozial-karitativen Ebene und im Bildungsbereich. Dort müssen die Ordensleute ihre Liebe zu Gott und zu den Mitmenschen zeigen und wahrmachen. Deshalb erwarten die Menschen von jeder Ordensfrau treue Dienstbereitschaft, Beharrlichkeit im Gut-Sein, Geduld mit den Schwächen anderer, Freundlichkeit, Hilfsbereitschaft – einfach menschliche Güte.

Chancen des Ordenslebens

Ich habe zu wenig Erfahrung, wie es in den wohlhabenden Gegenden zugeht. Die Klöster werden leer. Das ist zweifellos ein Zeichen, daß das Ordensleben – Ordensideal – die Jugend von heute weniger oder nicht mehr anspricht. Aber ich bin davon überzeugt, daß Gott, so wie es immer geschah in der Kirchengeschichte, auch in dieser Zeit den einen oder anderen Menschen beruft, der imstande ist, die Jugend zu packen. Nur ein Mann Gottes oder eine Frau Gottes werden hier den Weg zeigen können. Wer wird sie berufen? Wer hat den Stifter meiner Kongregation, Arnold Janssen, berufen? Wer hat Charles de Foucauld auf seinen Weg gebracht? Nicht Menschen, Gott inspirierte sie, und durch sie wurden und werden viele andere inspiriert. Vielleicht liegt manches etwas anders in den Entwicklungsländern. Meine Antwort aus der Dritten Welt wird anders sein als die Antwort aus dem Westen. Wir müssen hier unseren Weg finden.

In Surabaya traten am 15. Januar sieben junge Mädchen ein; drei Chinesinnen, zwei Balinesinnen und zwei Javanesinnen. Aber auch diese Jugend hat Probleme. Verschiedenheit der Nationen, der Denkweise, des Lebensstils, teilweise vom Westen geprägt. Als wir eintraten, kamen wir aus der Geborgenheit einer Familie, ließen Haus und Hof hinter uns. Als ich am ersten Abend nach dem Ordenseintritt in Steyl in meiner kleinen Holzzelle saß, kam ich mir vor wie daheim ein Schaf im Stall. War es Berufung? Die Mädchen hier kommen oft aus ganz anderen, armen Verhältnissen und finden hier im Kloster alles ...

Was mich betrifft, so bin ich auch einer von den vielen Menschen, die sich zusammen mit ihnen auf dem Wege befinden zu Gott hin und zugleich mit Gott. Meine Umwelt, meine Mitschwestern helfen mir und stützen mich dabei, sind aber auch meine Prüfsteine.

Meine Aufgabe

Ich helfe als Vertreterin der deutschen Kirche den Christen hier, eine starke Ortskirche zu errichten. Zusammen mit meinen Mitschwestern (international gelebtes Zeugnis) und mit den Christen Surabayas versuche ich, Christi Liebe weiterzutragen (Bildungstätigkeit, Krankenhaus, andere soziale Tätigkeit), in einem nichtchristlichen Milieu Vertreterin einer internationalen, völkerverbindenenden Kirche. Ich animiere und motiviere – auf Urlaub – die Heimatkirche zu größerer Verantwortlichkeit gegenüber den jungen Kirchen Asiens und erzähle von dem anders und nicht schlechter gelebten Christentum der Indonesier, damit die Leute in der Heimat bereichert werden und auch lernen, weniger eingebildet zu sein auf ihre eigene Art, das Chistentum zu verwirklichen. Anders gesagt: Ich diene der im Aufbau begriffenen Ortskirche in Surabaya, damit sie selbständig und missionarisch werde; ich darf Bindeglied sein zu Hilfe, Erfahrungsaustausch, Stärkung der Verantwortung zwischen zwei Ortskirchen.

Als Steyler Missionsschwester bin ich nicht nur für die Kirche da, sondern *zuallererst* zusammen mit der Ortskirche *für die Menschen* hier in Surabaya, ob Christen oder nicht. Wir haben hier ein Hospital mit 270 Betten (1976: 8.346 Patienten, davon 975 röm. kath.; 906 evang.; 3888 islam.; 1562 chines.; 731 ohne Bek.; 284 Buddhisten). Bei den Schülerinnen ist es auch so. Nicht ein Drittel ist römisch-katholisch. Meine Aufgabe als Sachverwalterin der Flores/Timor/Sumba-Mission hier in Surabaya ist das Bereit-Stehen für die anderen. Das sind konkret: Mitschwestern, Missionare, Studenten, welche von der Nusa Tanggara Insel nach Java kommen; entweder auf Durchreise nach und von Europa oder um hier ihre Einkäufe zu machen, ärztliche Hilfe zu beanspruchen, zu studieren usw. Meine Aufgabe ist, so gesehen, eine überwiegend profane Aufgabe. Jeder Laie könnte es ebenso gut machen. Dennoch sehe ich es als eine missionarische Aufgabe und als eine sinnvolle Lebenserfüllung.

Was gibt mir Mut? Ich werde gebraucht, darf ein Zeichen und Werkzeug für Gottes Liebe sein, lasse mich verbrauchen . . .

Marita Estor

INTERNATIONALE GRALBEWEGUNG

Mitten in der Welt, damit sein Reich komme

Bei der Eröffnung des Heiligen Jahres 1950 in Rom erlebte ich als Schülerin die Weltkirche und entdeckte als Berichterstatterin für die Lokalzeitung eine berufliche Perspektive. Das Studium der Volkswirtschaft brach ich ab, als ich die Gemeinschaft fand, in der ich mich als Laie in Ehelosigkeit um des Reiches Gottes willen engagieren konnte: die internationale Gralbewegung. Nach dreijähriger Mitarbeit im internationalen Zentrum in Holland setzte ich das Studium bis zur Promotion bei Prof. Höffner in Münster fort. Danach war ich in einer Industrie- und Handelskammer als Außenwirtschaftsdezernentin tätig und arbeite jetzt im Bundesarbeitsministerium.

In der Gemeinsamen Synode der Diözesen Deutschlands habe ich in der Sachkomission »Gesellschaftliche Aufgaben der Kirche« mitgearbeitet. In unserer Gemeinschaft gehöre ich als Letztverantwortliche für die Gralbewegung in Deutschland dem Leitungsteam an. Aus der Synodenarbeit hat sich die Mitarbeit in der »Ökumenischen Initiative Eine Welt« und in der Präsidialversammlung des Deutschen Evangelischen Kirchentages ergeben. Außerdem bin ich Mitglied der Sprechergruppe des Bensberger Kreises. Im Bundesministerium für Arbeit und Sozialordnung wurde ich kürzlich in die Planungsgruppe berufen und befasse mich schwerpunktmäßig mit der Entwicklung von Konzeptionen zur Überwindung von sozialen Defiziten unserer Gesellschaft.

Unser Auftrag als eine internationale Gemeinschaft von Laien

Mit einem feinen Gespür für die Zeichen der Zeit hat der holländische Jesuit J. van Ginneken 1921 eine Bewegung von Frauen ins Leben gerufen, die ihr Christsein radikal da verwirklichen und bezeugen sollten, wo sich ihren menschlichen und beruflichen Kompetenzen eine Chance bot. Gemeinsam sollten sie ihre Kräfte bündeln, Grenzen der Herkunft und Nationalität überwinden und so dem Kommen des Reiches Gottes dienen. Der Name »Gral« wurde als Symbol für Eucharistie und Kreuz, für liebende Offenheit und Suche gewählt.

In der internationalen Gralbewegung habe ich eine geistliche Gemeinschaft gefunden, in der sich verheiratete und nicht verheiratete Frauen gemeinsam dem Anruf der Bergpredigt, dem Ruf Jesu zu Umkehr und Nachfolge öffnen, in der sie miteinander immer besser zu verstehen und in ihrem Handeln auszudrücken suchen, was das in der jeweiligen Lebenssituation bedeutet. Dabei ist immer deutlicher bewußt geworden, wie sehr unser Glaubensengagement sozio-politische Konsequenzen hat. Vielleicht hat die eigene Erfahrung als Frauen in einer bürgerlich und maskulin geprägten Gesellschaft und Kirche unsere Aufmerksamkeit für die große Zahl anderer Minderheiten geschärft, beispielsweise die der jungen und alten, der behinderten Menschen, der rassischen Minderheiten in USA und Süd-Afrika, der Fellachen-Mädchen in Oberägypten, der indischen und afrikanischen Landfrauen, der ausländischen Arbeitnehmer bei uns.

Viele von uns haben in einem anderen Land und in Begegnungen mit Freunden aus anderen Ländern gelernt, wie eng und begrenzt unser eigener Horizont ist, wie vielfältig und reich unsere Christusnachfolge sein könnte, wenn unsere Freunde aus anderen Ländern und Kulturen den Glauben gemäß ihrer eigenen Tradition und Art zum Ausdruck bringen könnten.

Eine so kleine (zum Kreis der Zugehörigen zählen 600 Frauen, davon ein Drittel, die ausdrücklich Ehelosigkeit gewählt haben) und in 20 Ländern verstreute Gemeinschaft wie wir, die sich noch dazu auf die jeweilige gesellschaftliche Situation wirklich einläßt, wird oft von Spannungen erfaßt, die den einzelnen, manchmal auch ganze Gruppen, was Zusammenhalt und Einheit betrifft, stark fordern.

Aber in diesen Spannungen habe ich gelernt, Zeichen des Lebens zu sehen, die auf die Zukunft hinweisen. Gerade die Vielfalt in unserer Gemeinschaft an Erfahrungen, Einsichten und Ausdrucksformen unseres Anliegens scheint mir eine der wichtigsten Voraussetzungen einer geistlichen Gemeinschaft zu sein: Offenheit für den Anruf Jesu in seine Nachfolge heute. Sie kann sich nicht in einer Eigenwelt absondern, sondern ist gerufen, ihr Zeugnis einer säkularisierten Wohlstandsgesellschaft zu geben, die es nicht vermochte, die

Menschen glücklich zu machen, ihnen einen Sinn aufzuzeigen und Raum für Verantwortung zu schaffen. Mitten in dieser Welt suchen wir mit vielen anderen einen neuen, alternativen Lebensstil, in dem Solidarität mit den Benachteiligten, Freundschaft und eigene schöpferische Entfaltung erfahren sowie kritische Einstellungen gegenüber Leistungs-, Konsum- und Prestigedenken eingeübt werden kann.

Nachfolge: dem Kommen des Reiches Gottes dienen

Hinter dem Anspruch des Gründers, eine »Bewegung zur Bekehrung der Welt« zu sein, stand das drängende Bewußtsein, die gesellschaftlichen Umbrüche und kirchlichen Aufbrüche seien Hinweise auf eine besondere Nähe des Reiches Gottes. Der Ruf in die Nachfolge Jesu, in dem sich die Herrschaft Gottes als befreiende Liebe des Vaters zu allen Völkern und Menschen offenbart, verweist uns daher immer wieder an die Menschen. Der Synodenbeschluß »Unsere Hoffnung« sagt: »Die Verheißungen des Reiches Gottes – vom ‚neuen' Menschen und von der ‚neuen' Welt –, das durch Jesus unter uns unwiderruflich angebrochen und in der Gemeinschaft der Kirche wirksam ist, führen uns mitten in unsere Lebenswelt hinein«, und zwar mitten in die Brennpunkte, wo Menschen unterdrückt und sich selbst entfremdet werden, wo Einsamkeit und Isolierung menschliche Kommunikation und Entfaltung unmöglich machen, wo Sinnlosigkeit, Apathie und Resignation Leben, Hoffnung und Veränderung zugunsten des Menschen unterbinden. Dabei ist uns von Jesus vorgelebt worden, daß in ihm ausnahmslos und vorbehaltlos allen Menschen Heil angeboten wird, auch den »Sündern« und den »Fremden«.

Für uns bedeutet dies zweierlei. Einmal gilt es immer wieder, kritisch zu überprüfen und zu analysieren, welche gesellschaftlichen Mächte am Werk sind und wo es möglich ist, als einzelne oder als Gruppe befreiend und verändernd zugunsten menschlicherer Lebensmöglichkeiten einzugreifen; auch, wenn unser Tun nicht mit den Erfolgsmaßstäben unserer Leistungsgesellschaft zu messen ist; ja selbst, wenn wir in den Augen anderer scheitern. Zum anderen gilt es, gerade dadurch zu leben, was der »innerste Grund unseres Engagements« ist, teilzuhaben an »Christi befreiendem Akt der Erlösung – in seinem Hinübergang vom Tod zum Leben. Wir erhalten Stärke und Inspiration von Jesus, wie er uns Gott offenbart – durch sein Leben und seine Botschaft, im Teilen des Wortes, des Brotes und des Gebetes miteinander« (Grundlage unserer Zusammenarbeit).

Wie unser Weg in der Nachfolge Jesu verläuft, welche Form radikales Christsein auf dem Lebensweg annimmt, ist uns nicht verfügbar. Aber das ständige Ringen um Offenheit für den Geist Jesu, der Verzicht auf Festlegungen und Sicherheiten, das Aufgeben und Loslassen zugunsten neuer Bemühungen, den vollen Einsatz der Fähigkeit zugunsten der Menschen: diese Möglichkeiten hat jeder von uns. Als Gemeinschaft können wir dankbar sein für das Zeugnis vieler, die uns diesen Weg in Treue vorangegangen sind bis in das Sterben hinein.

Unsere Gemeinschaft: Geschenk und Chance

Die unterschiedlichen Wege, die uns in der internationalen Gralbewegung zusammengeführt haben, sind ebenso erstaunlich wie die immer neue Entdeckung dessen, was uns zusammenhält. Zwar gibt es nationale Gruppierungen, Zentren, Teams, Projekte der verschiedensten Art. Es gibt Leitungsteams auf nationaler Ebene, da wo es nötig ist. Es gibt eine internationale Präsidentin, ein internationales Team und einen internationalen Rat, die miteinander Erfahrungen auswerten, neue Entwicklungen prüfen und beraten und Schwerpunkte für die kommende Arbeit von Zeit zu Zeit vereinbaren. All das hat aber nur eine dienende Funktion, entscheidend ist der Geist, die Lebendigkeit einer jeden und einer jeden Gruppierung, ihre Bereitschaft zu Offenheit und Solidarität, zu Engagement und Verantwortung. Jede sollte darum in lebendigem Bezug zu anderen stehen, auch wenn manche Gruppen sich nur selten treffen können.

In diesen Gruppen suchen und ringen wir miteinander um das tiefere Verständnis unserer Situation und Aufgabe. Gerade die Verschiedenheit unserer Erfahrungen, sei es aufgrund unserer familiären, beruflichen oder kulturellen Unterschiede, fordert und bereichert uns. Und wenn wir dann miteinander beten, die Eucharistie und unsere Feste feiern, dann hat das oft sehr konkrete Konsequenzen für unseren Alltag. Besonders deutlich haben wir dies in der Zusammenarbeit mit unseren italienischen Freunden – Arbeitnehmer, deren Frauen und Kinder, Sozialberater und Seelsorger – erfahren. Ihr Schicksal und das der Millionen Ausländer in unserer Gesellschaft ist uns ebenso ein Anliegen geworden, wie auch sie mehr Verständnis für die Probleme unseres technisierten Krankenhausbetriebes oder für die Isolation der alten Menschen in unserer Leistungsgesellschaft gewonnen haben.

Gerade im Miteinander wird uns manchmal beglückend bewußt, daß wir nicht allein gelassen sind, daß Hoffnung eine bewegende Kraft ist, daß der Geist Jesu auch heute neue Anfänge möglich macht. Diese Erfahrung trägt und ermutigt uns, immer wieder das loszulassen, wovon wir uns allzu schnell Sicherheit erhoffen; das, was uns voneinander trennt, abzubauen; da, wo wir einander verletzen, von neuem aufeinander zuzugehen. Gerade im Miteinander der Nachfolge entdecken wir, auf wie verschiedene Weise jede gerufen ist, wie unvergleichlich die je eigene Berufung ist, wie es keinen Maßstab für die Liebe gibt.

Die Synodenvorlage »Unsere Hoffnung« hat allen Christen die Wege in die Nachfolge gewiesen. Armut und Gehorsam sind kein Privileg für und auch keine Sonderleistung von Ordensleuten, die diese stellvertretend für andere erbringen. Gerade uns Laien scheint es aufgetragen, in unserer Gesellschaft, die über so viel Wohlstand, Sicherheitsvorkehrungen und Wissen verfügt, angesichts des Hungers und der Ungerechtigkeit in der Welt, aus dem Glauben heraus nach einem Lebensstil zu suchen, der dieser Situation, aber auch der Botschaft Jesu entspricht. Was Nachfolge in der Ehe, in der Perspektive des anbrechenden Gottesreiches und unter unseren gesellschaftlichen Bedingungen bedeutet, muß heute ebenso neu bedacht werden wie Nachfolge in der Ehelosigkeit. Letztlich ist das aber keine Frage der Reflexion allein, sondern des sich Einlassens auf Jesus und aufeinander aus seinem Geist.

Ambrosia Fischbach
GRAUE SCHWESTERN VON DER HL. ELISABETH

Neues Land verheißen

Mein Leben könnte ich mit einem Mosaikbild vergleichen. Das erste Steinchen wird 1927 in Opladen bei Köln in den vorgegebenen Rahmen von Familie, Kirche und Gesellschaft eingelegt. Form und Farbe vermitteln mir das christliche Verhalten meiner Eltern und eine aus den Impulsen der liturgischen Bewegung lebende Gemeinde. Es folgen weitere bunte Mosaiksteine: Abitur in Erfurt, Studium in Jena, Profeß in der Kongregation der Schwestern von der hl. Elisabeth, Studium an der PH in Vechta, Lehrerin in Hamburg, Studium der Betriebswirtschaft in Köln, ordensinterne Verwaltungsaufgaben in Berlin, Mitarbeit bei der Planung und Durchführung von Kursmodellen mit spirituellen und ordensspezifischen Inhalten am Institut der Orden in Frankfurt. In dem, was sich da ineinanderfügt, erkenne und deute ich die äußere Gestalt meines inneren Weges, »inmitten der Ereignisse und Anforderungen des Tages auf Gottes Ruf hinzuhören«, um immer tiefer hineinzuwachsen in eine ständige »Verfügbarkeit für das, was das Heil des anderen erfordert« (vgl. Synodenbeschluß, Die Orden und andere geistliche Gemeinschaften, 2.2.3).

Seit 1973 arbeite ich als Diözesan-Referentin im Referat »Spirituelle Dienste« des Erzbischöflichen Generalvikariates in Köln. Schwerpunkte meiner Arbeit sind die Vertiefung des geistlichen Lebens durch Meditation und die Förderung des Miteinanderlebens und Zusammenarbeitens durch Verbesserung der Kommunikation und der Teamfähigkeit. Diese beiden Schwerpunkte ergänzen sich gegenseitig bei der Verwirklichung der Ziele: Integration von Glauben und Leben; Gemeinde als Glaubens- und Dienstgemeinschaft durch lebendige Gruppen; praxisvorbereitende und -begleitende Hilfen für die verschiedenen Gruppierungen und Dienste in den Gemeinden. Als vorrangige Zielgruppe ergeben sich daraus alle verantwortlichen Mitarbeiter im kirchlichen und pastoralen Bereich.

In meiner Arbeit versuche ich durch Glaubenserfahrung und -austausch, durch Einübung, Schulung und Information Hilfen anzubieten, die den Menschen das »in Christus angebrochene Heil« ein-leuchten und ihr Leben neu gestalten lassen.

Sich den »Zeichen der Zeit« und ihrem Anspruch zu stellen, hat tiefgreifende Konsequenzen für die Lebensgestaltung in den Orden und deren Zielsetzungen. Auf die damit verbundene Krise möchte ich hier nicht eingehen; sie ist im Synodenpapier als positiver Prozeß beschrieben worden. Als weiterführende Anregung möchte ich einige Thesen formulieren, die mir aufgrund meiner eigenen Erfahrung wichtig sind. Es verbirgt sich in ihnen auch eine Begründung, warum ich mich unter den möglichen Heils-Wegen für den als Ordensfrau entscheide. Die Auswahl der Thesen wurde beeinflußt durch persönliches Fragen und Suchen sowie durch Gespräche mit Menschen, die an einem geistlichen Leben in Gemeinschaft interessiert sind. In kurzen Erläuterungen versuche ich dann jeweils, eine Verbindung zwischen den einzelnen Thesen und dem Verhalten Jesu anzudeuten, um dann noch einige Überlegungen anzuschließen, die mich in der Suche nach dem konkreten Willen Gottes bisher immer wieder beschäftigt haben.

Aus der Dynamik des Vorläufigen leben

Ich stelle mir vor, daß dieses Wort von Roger Schutz (aus »Warten auf das Ereignis Gottes«) ein gutes Stichwort für die Neuorientierung eines Ordens sein könnte, weil darin der ganze Mensch angesprochen wird. Ein solches Wort weist für die konkrete Lebens- und Glaubenssituation wirkliche Perspektiven auf, schafft einen neuen Verstehenshorizont; es weitet sich hier ein Raum, in dem Freiheit eine tatsächlich originäre Gestalt gewinnen kann. Mir hat dieses Wort immer dann weitergeholfen und mich froh gemacht, wenn mir Appelle zur Treue und bedienungslosen Hingabe begegneten. Diese Begriffe empfinde ich mitunter so statisch, so endgültig, und manche Interpretationen verstärken diesen Eindruck. Auf den tieferen Sinn alles Vorläufigen haben mich äußere Ereignisse und Vorgänge verwiesen: Versetzungen, Wechsel situationsbedingter Tätigkeiten, beruflich-fachliche und theologische Weiterbildung, Reflexion und Auswertung methodischen Arbeitens und persönlichen Verhaltens, Überprüfung von Prioritäten. Ich bin nie fertig, nie am Ende damit; ich lasse immer etwas hinter mir, um auf Neues, wiederum Vorläufiges zuzugehen. Dieses dynamische Geschehen erlebe ich als eine Form der Armut; Armsein nicht als Verzicht auf etwas oder jemanden, sondern als eine Möglichkeit, durch die Erfahrungen des Vorläufigen hindurch, mein innerstes Sein und Wesen qualitativ hineinwachsen zu lassen in die Gestalt Christi.

Aus der Dynamik des Vorläufigen zu leben, entdecke ich im Leben Jesu als durchgehende Perspektive. Jesus läßt sich nicht behindern, wo das Vorläufige ihm als Festgeschriebenes begegnet. Er heilt am Sabbat; er verkündet sein Wort im Freien; sein letztes Ringen um den Willen des Vaters geschieht nicht im Tempel, sondern in einem Garten. Seine Jünger schickt er ohne Beutel aus mit der Weisung, weiterzugehen, wo man sie nicht haben will. Er spricht von dem, was eine kleine Weile dauert, vom Weggehen und Wiederkommen, von dem, was jetzt ist und später sein wird. Das End-gültige und Bleibende wird erst das Wohnen beim Vater sein.

Auf dieses Ziel hin frage ich mich: Was gibt es in meinem Leben, das ich so festhalte, daß ich es nicht auch lassen könnte? Wo habe ich mir eine »bleibende Stätte« eingerichtet, die mich hindert, frei zu sein für einen tieferen Anruf? Wie gelassen kann ich bleiben, wenn die Altersstruktur meines Ordens auf eine Endphase hinweist, während andere weiterleben oder neu entstehen? Wie können auf dem Hintergrund der Vorläufigkeit neue Zielvorstellungen und Modelle gemeinsamen Lebens entwickelt werden? – Ich wünsche mir etwas mehr Phantasie zum Improvisieren und etwas mehr Mut zum Ausprobieren im Vertrauen auf den, der mich liebt und deshalb alle Wege mit mir geht. Unsere Gründerinnen hatten, so glaube ich, von beidem ein gerütteltes Maß.

Perspektiven aus dem Glauben aufzeigen

In meiner Arbeit als Ordensfrau habe ich häufig mit Menschen zu tun, die sich in der technisch-automatisierten Leistungs- und Konsumgesellschaft programmiert, manipuliert und verplant fühlen. Der Mangel an Selbstwertbewußtsein und Ich-Identität wirkt sich bisweilen für sie existentiell bedrohlich aus. Bei der Suche nach ihrem Selbst, nach ihrem innersten Sein, fragen sie nach dem Sinn, nach dem Absoluten, nach der Transzendenz, nach Gott und wie man ihn erfahren kann. Da bin ich nun selber mitten hinein verwoben als eine, die mit ihrem Leben bezeugen möchte, was »Er an mir getan hat«. Da kann ich keine Sätze hersagen, die in erster Linie nur aufzählen, was ich glaube; vielmehr möchte ich künden, wie ich durch Jesus dem Vater glaube. Glauben »habe« ich noch nicht durch das bloße Übernehmen von Geboten und Dogmen; Glauben, verstanden als meine innere Grundhaltung, will – in alltäglichen Situationen angefragt – zur tragenden Motivationen meines Hoffens und Liebens werden.

Gott führt aus Liebgewordenem heraus, um in eine tiefere Glaubenshaltung hineinzuführen. Jesus schaut den Menschen liebevoll an und möchte dessen Erwartung und Einstellung erfahren, um seinen Glauben zu verstärken und zu vertiefen. Was Jesus in den Seligpreisungen anbietet, ist ein weitgespanntes Einübungsfeld für das Gestaltwerden meines Glaubens.

Die Initiative zur Gründung meiner Ordensgemeinschaft war inspiriert von einer Glaubenserfahrung, die in die Gestalt drängte. »Ich habe von Gott vernommen, der leidenden Menschheit Zeit und Kräfte zu widmen, wo Hilfe am meisten nottut« (vgl. Generalkonstitutionen, S. 17). Das ist wie eine Weitwinkel-Aufnahme, die alles Wesentliche eingefangen hat ohne einzuengen. Nachträgliches Retuschieren durch ängstliche Diskussionen um Taschengeld oder Ordenskleid, um Kleingruppen in Großkonventen oder das Risiko von Kommunitätsmodellen verwischen und verfälschen nur die ursprüngliche Aussage. Ich bin fest überzeugt, daß Gott immer wieder Menschen anspricht und ihnen durch Jesus seine Verheißung ins Herz ruft. Meinen Anteil sehe ich darin, daß ich immer wieder versuche, den Menschen so zu begegnen, daß sie sich an meinem gelebten Glauben orientieren können.

Eine Lebensgestaltung ermöglichen, in der das Leben gelingen und sich als sinnvoll erweisen kann

Wo lebendiges Dasein ist, ruft es nach immer neuer Gestaltung. Sie betrifft den gesamten Lebensbereich in seinen verschiedenen Bezügen zur Arbeit und zur Freizeit, zu mir selbst, zum Menschen und zu Gott. Wo ich etwas gestalte, möchte ich ausprobieren dürfen, ob etwas schon oder noch nicht gelingt, möchte ich eigene Wertvorstellungen entwickeln und behalten dürfen, ohne sie für andere in gleicher Weise verbindlich zu erklären. Was »man« tut, ist für mich noch keine ausreichende Motivation für mein Handeln. Tradierte Normen möchte ich befragen, ob und wieweit sich ihr Ursprung im Vorbild-Verhalten Jesu entdecken läßt und wie sie dem Leben dienen. Dabei gehe ich auch Wagnisse ein, die mich bei der Suche nach Sinn und Gelingen tiefer hineinreifen lassen, in das Wagnis des Glaubens und in die Erfahrung des in der Welt wirkenden Gottes.

Wo Jesus bei seinen Wanderungen auftaucht, gelingt ihm die Begegnung mit den Menschen: Der lauschenden Menge verschafft er zu essen; den Aussätzigen verhilft er zur Eingliederung in die Dorfgemeinschaft; Blinde und Stumme läßt er wieder sehen und sprechen; bei einer Hochzeit rettet er aus der Verlegenheit; am Brunnen erbittet er sich von einer Frau einen Becher Wasser. Immer tut sich den Betroffenen eine bisher verborgene Sinnfülle auf.

Auch als Ordensfrau möchte ich – mitunter bei sogar nur vordergründig Scheinendem – die Frage nach dem eigentlichen Kern, nach dem Sinn stellen; ich befürchtete sonst, es mir zu leicht zu machen und im Oberflächlichen stecken zu bleiben. Das gilt umsomehr, als Lebensgewohnheiten die Möglichkeiten zu gestaltetem Leben einschränken. Wessen Leben nur aus Arbeit besteht, der weiß mit seiner Freizeit nichts anzufangen. Wer sich immer nur dem anderen zuwendet, weiß nicht mehr, wer er selbst ist. Ich brauche aber mein Selbstsein, um offen zu bleiben für das, was Gott mit mir vielleicht morgen vorhat.

Auf dem Weg zueinander sein, um etwas miteinander zu tun

Zu meiner Motivation, mich einer Ordensgemeinschaft anzuschließen, gehörte auch die Absicht, mit Menschen, die gleiche Zielvorstellungen hatten, etwas gemeinsam zu tun. Dabei ist mir immer deutlicher geworden, daß ich in ein Beziehungsgeflecht verwoben bin, bei dem jeder einzelne (ergänzungs)bedürftig bleibt und lernen muß, Bedürfnisse anderer einzubeziehen und mit den eigenen abzustimmen. In dem, was ich dann dem anderen zutraue, verbirgt sich auch meine eigene Erwartung an ihn.

Jesus glaubt dem Menschen und traut ihm etwas zu. Seine Jünger läßt er zu zweit die »gute Nachricht« im Lande verbreiten, ja sogar heilen läßt er sie. Zwei der Jünger nimmt er auf den Tabor mit, drei schlafen am Ölberg in seiner Nähe ein: zwei wollen sich einen guten Posten für später sichern; als das Ende anders eintritt, als sie es sich erhofft hatten, gehen sie enttäuscht auseinander. Als sie ihn als Lebenden erfahren, finden sie sich wieder zusammen, um gemeinsam die nächsten Schritte zu überlegen. Und Jesus bleibt mitten unter ihnen; auf ihn hin wird alles, was sie unternehmen, bezogen. Auf dem Weg zueinander und mit Jesus als der gemeinsamen Mitte sich einer gemeinsamen Aufgabe zuwenden, heißt nicht, daß alle die gleiche Rolle oder Funktion übernehmen müssen. Mir gefällt sehr gut das Bild vom Haupt und den Gliedern eines Leibes, das die Jünger in der jungen Kirche zur Verdeutlichung verwenden. Mitunter gewinne ich den Eindruck, als würde dieses Bild dahingehend mißverstanden, daß der Fuß das gleiche tun müßte wie die Hand. Der Fuß aber bleibt Fuß und wird niemals Hand. Beide, um bei diesem Bild zu bleiben, können aus unterschiedlichen Ziel- und Wertvorstellungen heraus handeln und miteinander in Konflikt geraten. Übertragen auf entsprechende Situationen im Miteinander unserer Kommunitäten ist für mich entscheidend, ob solche Konflikte als Reifungschance gesehen und ausgewertet oder unreflektiert mit vorhanden Normen erstickt werden. Verhaltensnormen als gewonnene Erfahrungen sind notwendig, weil sie »entlasten vom Dauerstreß permanenter Entscheidungssituationen« (A. Exeler). Jedoch entmündigen oder versklaven sie den Menschen, wenn sie sich auf ihre Dienstfunktion hin nicht mehr abfragen lassen. Sich nur angepaßt verhalten, könnte die Ausfaltung des von der Synode beschriebenen Grundauftrags beeinträchtigen, wenn nicht sogar verhindern: dem Drängen des Geistes besser nachzukommen, eine gesellschafts- und kirchenkritische Funktion auszuüben und ein Ferment christlicher Menschlichkeit zu werden (2.1; 2.2).

Im Hinblick auf die Situation der Gemeinden von morgen, sehe ich in Sozialstationen, in regionalen Pastoralteams und in geistlichen Einkehr-Lebens-Zentren drei wichtige Bereiche, in denen wir als Ordenschristen auf dem Weg zueinander, auch mit interessierten und engagierten anderen Christen, gemeinsam die Sendung Jesu weiterführen und

Reich Gottes unter den Menschen mitgestalten. Ich möchte »anders leben, damit andere leben«, auch wenn das bedeutet, in Unbekanntes und Ungewohntes aufzubrechen, weil ich glaube, daß uns neues Land verheißen ist.

Edeltraud Forster OSB
BENEDIKTINERINNEN DER ABTEI ST. HILDEGARD, EIBINGEN

Nicht »attraktiv«

Am nördlichen Rande des Ruhrgebietes wuchs ich in einer tiefgläubigen Familie auf, und meine Kinderjahre waren glücklich und liebeerfüllt. Aus einer unbeschwerten Jugendzeit voll von phantastischen Zukunftsplänen – ich schwankte zwischen den Berufen einer Fallschirmspringerin, Tänzerin und Schauspielerin – riß mich der Krieg heraus und versetzte mich auf den Boden der Wirklichkeit. Arbeits- und Kriegsdienste in Haushalt und Lazarett brachten mich nach dem Abitur sogar mit sehr harten Lebenswirklichkeiten zusammen. So gingen, als der Krieg zu Ende war, meine Berufspläne in sozial- und religionspädagogische Richtung. Keiner meiner Bekannten und Verwandten, und am allerwenigsten ich selbst, hätten damals daran gedacht, daß aus mir einmal eine Nonne würde.

Im Rahmen meiner Ausbildung in Münster fand ich in Prof. Hermann Volk einen Lehrer, der mir in seinen Vorlesungen die Welt des Glaubens neu erschloß. Der Religionsunterricht während der Nazizeit war dürftig gewesen, nun leuchtete mir etwas auf von der überwältigenden Größe Gottes und der Würde des Menschen. In einem Studentengottesdienst, in dem Hermann Volk wie an jedem Sonntag predigte, traf mich aus der Perikope vom Gang des Petrus über das Wasser das Wort tief ins Herz: »Herr, wenn du es bist ... dann laß mich zu dir kommen« – »Komm!« Das war das Wort, das mich nicht mehr los ließ, so sehr ich mich auch anfänglich dagegen sträubte. Denn als Fernziel stand die Ehe am Horizont meiner damaligen Lebenserwartung. In diese Zeit fiel auch ein erster Besuch in der Benediktinerabtei Gerleve. Das Wort *veni, si amas* (Komm, wenn du liebst!) auf der Rückwand des Sakramentsaltares traf mich wie ein Blitz. Auch heute noch ist es meinem Empfinden gegenwärtig, wie tief ein solches Wort erschüttern kann. Das Wissen um die eigene Armseligkeit und Brüchigkeit drückte mich tief zu Boden, aber ich spürte, daß das kein Vorwand für ein Ausweichen sein konnte. Zu deutlich hatte ich den Ruf gehört. Es galt, das Erfahrene zu hüten und auf seine Echtheit hin zu prüfen. Aber die Entscheidung, mein Leben ganz an Gott zurückzuschenken, war im Herzen gefallen.

Was dann folgte, war ein Tasten und Fragen, was der Verstand dazu sagte. Und da gab es, und gibt es, und wird es immer tausend Gegengründe geben, die so etwas Ver-rücktes, eben aus dem gängigen Rahmen Gerücktes, zu verhindern suchen. So etwas tut man doch nicht! Natürlich: »man« tut das nicht, aber das, was in dem Gerufenen »ich« und zu Gott »Du« sagt, darf solches tun. Nach einer Zeit des Überlegens und Wählens, in welcher Form sich mein Leben ausprägen sollte, glaubte ich schließlich, in einer benediktinischen Gemeinschaft den Raum zu finden, in dem meine Anwort auf den Ruf Gottes Gestalt annehmen sollte. Besonders das benediktinische *ora et labora,* die gesunde Wechselbeziehung zwischen Gebet und Arbeit, zog mich an. Nach Abschluß meiner Ausbildung trat ich 1949 in die Abtei St. Hildegard in Eibingen ein.

Wahrhaft Gott suchen – ohne »Leistung«

Die wichtigste Voraussetzung für ein Ordensleben ist, ganz für Gott da zu sein, was sich dann in verschiedenen Diensten ausprägen kann. Jede von der Kirche getragene Lebensform bekommt ihre Gültigkeit letztlich vom Ruf her, und der Vollzug gibt dem Gerufenen die Klärung, ob es sich um die Verwirklichung des Willen Gottes oder um eigenes Wollen handelt. Das Bemühen nur aus eigenen Kräften wäre den Anforderungen und Schwierigkeiten gerade des Anfangs nicht gewachsen. Das Leben aus dem Glauben will eingeübt werden. Und es ist nicht leicht für einen Menschen, der aus der »Leistungsgesellschaft« kommt, weitgehend auf sichtbare, greifbare und zweckbezogene Erfolge und Leistungen zu verzichten und zu vertrauen, daß alles Tun von Gott hineingenommen ist in die Verfügung für sein Reich. Aber im tiefsten weiß das Herz, daß ein Leben für Gott, in welcher Form auch immer, keiner Rechtfertigung bedarf. Die Antwort auf das Wort wird von Gott ver-antwortet und getragen.

Das benediktinische Leben will nichts anderes als der Versuch eines konsequent gelebten christlichen Lebens sein. Der Eintretende soll unter Beweis stellen, daß er »wahrhaft Gott sucht« und daß ihm »nichts lieber ist als Christus«; und all die hohen Worte müssen sich in einem schlichten kleinen Alltag ohne Leistungen, von denen man groß reden könnte, konkretisieren. So arbeitete ich sechs Jahre in unserer häuslichen Elektrowerkstatt, wusch acht Jahre lang unsere Wäsche und half im Garten und Haus bei verschiedenen Arbeiten. Seit fünfzehn Jahren stehe ich nun als Magistra im Dienst der Heranbildung der Klosterjugend.

Sowohl bei meinem Eintritt als auch heute noch bin ich davon überzeugt, daß die Kirche den Dienst der Gottsuche in dieser Lebensform, deren Mitte die Anbetung, das Lob, der Dank und die Fürbitte ist, braucht, ein Leben im liebenden Gehorsam, der wahrhaft frei macht.

Das Werk der Gottsuche ist, wie Ladislaus Boros sagt, »ein Dienst für alle jene, die wir lieben, ja für die ganze Menschheit«. Es braucht dem Gerufenen gar nicht bewußt zu sein, daß er noch etwas für die Welt bedeutet, ja, das könnte sogar seine Berufung irgendwie verraten. Droht nicht für jeden Menschen die Gefahr, seine Berufung zu gefährden, wenn er sie zu sehr auf den Nutz- und Stellenwert für die Welt und sich abklopft, wo doch sein Leben ein hingegebenes sein will? Im Leib der Kirche können nicht alle das Gleiche tun, und so muß jeder seiner Berufung entsprechend leben und an seinem Platz, durch seinen Dienst ergänzend am Aufbau des Leibes Christi beitragen.

Ich glaube, daß das Ordensleben, wie jedes echt gelebte christliche Leben, heute wie zu allen Zeiten Signale zu geben hat. Ob sie verstanden und angenommen werden, ist nicht wichtig. Wenn ich sage »zu geben hat«, so stimmt das bereits nicht mehr, denn wo das Zeichen schon gezielt und reflektiert gesetzt wird, gerät das Tun in die Gefahr, unwahrhaftig zu werden. Das Ordensleben ist Signal von Gott her, und der Gerufene darf schlicht und ohne Überlegungen, ob er dadurch »zeichenhaft» wirkt, nach Seinen Anweisungen leben.

Wenn ich Gruppen oder Gäste ansprach, die ja in einer Benediktinerabtei nie fehlen, wurde ich mehr als einmal gefragt: »Wie ist es nur möglich, daß Sie im 20. Jahrhundert noch nach einer Regel leben, die vor mehr als 1400 Jahren geschrieben wurde?« Die Frage ist berechtigt. Alles, was die Regula Benedicti an Zeitgebundenem enthält, hat sie in den nachfolgenden Jahrhunderten ändern oder fallen lassen müssen. Aber da diese Regel Niederschlag gelebten und nicht nur gedachten Lebens ist, und weil sie vor allem ganz in der Hl. Schrift gründet, ist ihr eine Weite und Weisheit eigen, die jedem Jahrhundert die Möglichkeit gibt, sein geistiges Leben nach ihr auszurichten. Der Gerufene wird eindringlich zur Umkehr gemahnt, ja er verpflichtet sich durch das Gelübde der *conversio* oder *conversatio* zu immer neuer Hinkehr zu Gott. Wer einmal ernsthaft damit begonnen hat, wird erfahren, daß seine Antwort ihn ganz beansprucht und einfordert. Er geht in das Schicksal des Weizenkorns ein. Und dieses Schicksal trägt die Wesenszüge des Gehorsams, des Schweigens, der Loslösung, der Demut, es will den Gerufenen auf dem Wege der Nachfolge über das Kreuz in den österlichen Frieden führen. In diesem Wachstumsprozeß verleiht der Glaube an die Liebe die Durchhaltekraft. Die benediktinische *pax* ist keine Idylle, kein billiger Friede. Sie wurzelt im Herzen des einzelnen und der Gemeinschaft, sie wohnt gleichsam unter den menschlichen Unvollkommenheiten, unter der Turbulenz des kleinen, manchmal überlasteten Alltags, unter den Unausgeglichenheiten, Mißverständnissen, harten und rauhen Zufälligkeiten eines Gemeinschaftslebens. Solange die Kompaßnadel des eigenen Herzens und der Gemeinschaft auf Gott gerichtet bleibt und sich in Schweigen und Gebet immer neu in die Ordnung und Ruhe einpendelt, bleibt das Leben gesund und voller Spannkraft. Die Feier der Liturgie, zu der die Gemeinschaft siebenmal am Tage zusammenkommt, bringt mir stets von neuem die Erfahrung, daß der Herr inmitten unserer Gemeinschaft ist und ihre Glieder bei aller Verschiedenheit und über alle gelegentlichen Spannungen hinweg in sich eint.

Warum junge Menschen zu uns kommen

Die Nachwuchsfrage ist meist das erste, was von Besuchern angesprochen wird. Es ist immer eine Gefahr, wenn eine Generation für die andere spricht. Ich habe nun die Möglichkeit, Mitschwestern im Noviziat selbst zur Wort kommen zu lassen zu der Frage, ob sie noch eine Überlebenschance für die Orden sehen, ob das Ordensleben »attraktiv« sein oder werden kann, oder ob sie den Eindruck haben, mit dem Eintritt in das Kloster den Fuß auf die Planken eines sinkenden Schiffes gesetzt zu haben.

Hier einige Antworten:

»Es geht für mich beim Ordensleben um andere Dinge als Chancen haben, es geht um einen Einsatz, der alles kosten darf und soll. Es geht hier erstlich und letztlich um die Liebe, um ein Leben aus der Liebe und ein Alles-dafür-Lassen. Wenn ich mich aufmache, um Gott zu suchen, wenn ich aufbreche ins Unbekannte hinein, um anzubeten und zu verherrlichen den, der mich geschaffen hat, dann kann es für mich nur um ein Alles gehen.«

»Attraktiv kann für mich das monastische Leben nur insofern genannt werden, als man darin die Forderungen nicht abschwächt, es bewußt nicht auf zeitgemäß, ,in' und dem heutigen jungen Menschen gemäß macht, sondern den Mut hat, Werte stehen zu lassen, eindeutige Worte zu gebrauchen und zu sagen, daß es nicht um Soziologie und Psychologie, sondern um Gott in einem radikalen Sinn geht.«

»Man macht das Klosterleben attraktiv, indem man es dem heutigen Sprachgebrauch nach nicht attraktiv macht. Es muß das Andere bleiben und – in der Welt seiend – doch nicht von der Welt sein. Der Welt soll es Licht geben und nicht seine Leuchtkraft von ihr beziehen.«

Eine Entscheidung für Gott ist eine Entscheidung fürs ganze Leben. Und solange in unserer Gemeinschaft Gott durch alle menschliche Armut hindurch gesucht wird, ist mir die Frage, warum ich im Orden bleibe, keine Frage. Jeder Tag ist ein neuer Anfang, und wer liebend zu sehen versteht, wird hinter den Unscheinbarkeiten eines kleinen monastischen Tages – in den Augen gerade unserer guten alten Mitschwestern und dem mutigen Schwung unserer Jüngsten – Gottes Wirken spüren.

Cornelia Göcking CSSC
BARMHERZIGE SCHWESTERN VOM HEILIGEN KREUZ

Gemeinsam um Dinge des Herrn besorgt

1904 wurde ich in den Bündner Bergen (Ostschweiz) geboren und ich hatte das Glück, gut katholische Eltern zu haben. Sie schickten mich in eine von Schwestern geführte Schule in Chur. Das Vorbild meiner Lehrerinnen weckte sehr früh den Wunsch nach dem Eintritt ins Kloster. Der Vater fand es für gut, den Beruf an einer neutralen staatlichen Mittelschule zu erproben. Mit dem Diplom der Volksschul-Lehrerin in der Hand erhielt ich sofort die Erlaubnis zum Eintritt in die Kongregation der Barmherzigen Schwestern vom Heiligen Kreuz in Ingenbohl. (Diese wurde 1856 von P. Theodosius Florentini OFM Cap und Mutter M. Theresia Scherer gegründet. Sie breitete sich, da sie den Bedürfnissen der Zeit entsprach, sehr rasch aus. Den Absichten der Gründer gemäß sollen die Schwestern dienen, wo immer eine Not nach Abhilfe ruft. Sie arbeiten heute in Spitälern und psychiatrischen Kliniken, in Altersheimen und als Gemeindepflegerinnen, in Schule und Kinderheim, in Pfarreien. Ingenbohler Schwestern finden sich in Europa – Schweiz, Österreich, Deutschland, Italien, Jugoslawien, Tschechoslowakei –, in den USA und in der Dritten Welt – Indien, Formosa, Brasilien, Afrika – im Einsatz.)

Dort durfte ich weiterstudieren, erwarb die Matura und bemühte mich nach der Profeß um Altphilologie an den Hochschulen von Freiburg/Schweiz und Innsbruck, wo ich promovierte. Dann folgten die Jahre des Unterrichts am Mädchengymnasium Theresianum in Ingenbohl, unterbrochen durch ein Sabbatjahr am philosophischen Institut der Universität Löwen. Im Januar 1945 übertrugen mir die Obern das Rektorat der Schule. Das Amt blieb bis zum Sommer 1976 auf meinen Schultern – sehr erträglich gemacht, weil ich mir immer Zeit zum Unterricht nehmen konnte.

»Was werden Sie nach Ihrem Rücktritt tun? Wir können Sie uns nicht untätig vorstellen«, wurde ich oft gefragt. Unnötiger Kummer für eine Klosterfrau. Die Obern hatten eine interessante Aufgabe für mich bereit: die Fortsetzung der Geschichte unserer Kongregation. Es obliegt mir nun, das schon Vorliegende gründlich zu studieren und zu ordnen. So vertiefe ich mich jetzt in die Anfänge unserer Kongregation.

Neu erfüllt mich Liebe für unsere Gründer und Bewunderung für den Opfermut unserer ersten Schwestern. Meine Aufgabe führt mich also von der Gegenwart, die ich mit der Jugend lebte, »zurück zu den Quellen«, wie es das Konzils-Dekret »über die zeitgemäße Erneuerung des Ordenslebens« will, und läßt mich von diesen Quellen her mein Ordensleben überdenken. Heute bin ich zum ausdrücklichen Zeugnis über meine Erfahrung im Kloster aufgerufen, zum Zeugnis für Gott, der rief und führte.

Wozu mich Gott rief

Wie mich Gott »holte«, habe ich schon erwähnt. Das Ideal meiner Lehrerinnen, nur für Gott und die Mitmenschen da zu sein, wollte auch ich verwirklichen. Direkt beeinflußt hat mich niemand; das hätte ich wohl nicht ertragen. Aber die Mutter und die Schwestern beteten – das erfuhr ich später und auch, daß der Vater bei meiner schweren Erkrankung 1918 versprach, dem Beruf seiner Ältesten kein Hindernis in den Weg zu legen, wenn er echt sei. In wortloser Übereinstimmung wurde dann die Weiterbildung auf das Klosterziel hin ausgerichtet. Ich wollte Lehrerin werden; also spurten wir durch das Studium gleich ein.

Wozu mich Gott rief, sah ich damals nur in groben Umrissen. Es ist das Glück eines langen Ordenslebens, daß das Ziel immer lichter wird, der Weg immer deutlicher, auch wenn er paradoxerweise bisweilen völlig im Dunkel verläuft und der Mensch sich blindlings von Gott führen lassen muß.

Unsere Konstitutionen erklären: 1. »Der Geist unserer Gemeinschaft ist der Geist des Evangeliums, wie er den heiligen Franziskus und unsere Gründer erfüllt hat.« 2. ». . . Durch die Berufung zu Barmherzigen Schwestern vom Heiligen Kreuz sind wir tiefer in das Geheimnis von Tod und Auferstehung Christi hineingenommen. Aus der Kraft dieses Geheimnisses suchen wir Christus nachzufolgen.« Christusnachfolge ist die Aufgabe jedes Christen. Wir Ordensleute aber entwerfen unser Leben durch die Gelübde in ganz besonderer Weise auf Christus hin. In der Dogmatischen Konstitution über die Kirche befaßt sich das II. Vatikanische Konzil mit der Christusnachfolge der Ordensleute. In erster Linie stellt es uns den betenden Gottmenschen vor Augen, damit auch wir die

Verbindung mit Gott zu unserem ersten Anliegen machen. Unsere Lebensform unterstützt dieses Bestreben, indem sie eigene Gebetszeiten in der Tagesordnung verankert. Ich war für dieses Geschenk immer dankbar. Wie manchmal wäre das Gebet im Gedränge der Arbeit unterblieben, hätte ich es mir nicht, gestützt auf die Satzungen, zur Pflicht gemacht. Übrigens ging nach der »Pause in Gott« die Arbeit meist wieder flüssiger vonstatten, oder war die Nachtruhe doppelt wohltuend, weil ich die Sorgen bei ihm abgeladen hatte. Unsere Lieben daheim, unsere Mitarbeiter und die uns Anvertrauten erwarten – bewußt oder unbewußt –, daß wir für sie beten. Stellvertretend für sie und auch für alle Menschen, die nicht die Zeit oder den Willen zum Gebet haben, treten wir besonders im gemeinsamen Psaltieren vor Gott hin und legen Lob und Dank und die Bitten für die ganze Welt vor ihm nieder.

Von den verschiedenen Seiten unseres Ordenslebens erscheint interessierten Jugendlichen gerade die kontemplative erstrebenswert. Die betenden Schwestern sind es, die ihnen Eindruck machen. »Du hast es gut«, sagte kürzlich ein Junge zu seiner Klostertante: »Dein Beruf ist es, über Gott nachzudenken.«

Sicher ist die Wiederentdeckung der Bruderliebe ein Geschenk an unsere Zeit. Johannes XXIII. bezeichnete sie als das achte Sakrament. Am besten gedeiht sie aber, wenn sich ihre Wurzeln an der Gottesliebe nähren. Im Lehrerinnen-Konvent nahm ich gern die Gelegenheit wahr, darauf aufmerksam zu machen. Denn die Schwester, die sich, im Bestreben eine tüchtige Lehrkraft zu sein, an die Vorbereitung des Unterrichts verliert, gibt wohl ihr ganzes Wissen und Können weiter – vermag sie aber auch die Frohe Botschaft sichtbar zu machen? Wenn dieses Ziel nicht erreicht ist, ist das Ziel der Ordensschule nicht erreicht.

Ich denke zurück an meinen Arbeitsplatz in der Mittelschule. Um der guten Sache willen muß die katholische Schule konkurrieren können. Da liegt auch für die Ordensfrau die Gefahr nahe, den letzten Wertmaßstab aus dem Auge zu verlieren. Aber meine Erfahrung zeigte, daß die Besinnung auf die Christusnachfolge immer wieder die nötige Korrektur anbrachte und den Menschen wichtiger als den Erfolg erscheinen ließ. Nicht, daß deswegen die »schlechte« Schülerin eine »gute«

wurde; aber an der Begegnung mit der ihr wohlgesinnten Lehrerin konnte sie persönlich wachsen.

Die evangelischen Räte

Was uns Ordensleute in der Christusnachfolge von den Mitchristen unterscheidet, sind die *Hilfen,* die uns auf dem Weg angeboten werden: die evangelischen Räte. In ihrer Befolgung wollte ich ausdrücklich die Lebensform nachahmen, die der Sohn Gottes annahm, als er in Menschengestalt unter uns wohnte. Und der Verzicht auf die hohen Werte, die in Ehe und Familie, in Eigentum und Unabhängigkeit liegen, sollte bezeugen, daß es noch höhere Güter gibt. Diese wollte ich gegen ein Maximum an Freiheit für die Liebe eintauschen.

Ehelosigkeit »um des Himmelreiches willen« hat als tiefsten Sinn die Gemeinschaft des Menschen mit Christus. Manche unserer Mitmenschen spüren das heraus, wenn sie uns gegenüber äußern, daß hinter der gelobten Ehelosigkeit eine ganz besondere Kraft stehen müsse. Aber auch menschlich wirkt die Ordensfrau durch dieses Gelübde: Ihre Liebe ist offen für jegliche Not, soweit die Kräfte reichen. Im Gespräch mit Schülerinnen und Eltern habe ich oft beglückend erfahren, daß die Sicht auf die unsere Welt übersteigende Wirklichkeit nicht im Widerspruch stehen muß zum Gegenwärtigsein in der Welt.

Am stärksten wird Ehelosigkeit von den Mitmenschen wohl beachtet wegen des Gelöbnisses »auf immer«, das wir Schwestern nach einer Probezeit ablegen. Die heutige Denkweise fürchtet langfristige Bindungen. Doch wer sich alle Möglichkeiten offen halten will, setzt sich für nichts voll ein. Wir haben uns für einen Wert entschieden, der es verdient, daß wir das ganze Leben lang an ihm festhalten. Darum binden wir uns mit festem Willen zur Treue auf immer.

Das religiöse Versprechen der *Armut* ist die zweite Hilfe, die uns zur Freiheit für Gott und den Mitmenschen führen soll. Gemeint ist damit nicht das, was man gemeinhin unter Armut versteht, ein Elend nämlich, das menschenunwürdig ist und von Kirche und Staat mit allen Mitteln bekämpft werden muß. Unsere persönliche Besitzlosigkeit will Zeugnis sein für Gottes Fürsorge, Ausdruck vollen Vertrauens auf ihn und des Wissens, daß unverlierbarer Reichtum hienieden nicht zu finden ist. Diese Armut steht unter dem Gesetz der Arbeit. Was jede einzelne Schwester für ihren Dienst am Mitmenschen braucht, das stellt ihr die Gemeinschaft – aus der gemeinsamen Kasse – zur Verfügung. Auf eigenes Taschengeld verzichten wir. Der Ertrag der Arbeit gehört der Gemeinschaft. Was diese von den notwendigen Auslagen erübrigt, verwendet sie wieder für die Werke der Nächstenliebe. Wieviel läßt sich durch unser schlichtes Ordenskleid einsparen, da wir nicht mit der Mode gehen müssen und den Coiffeur nicht brauchen. Je anspruchsloser die einzelne Schwester lebt, desto mehr trägt sie auch auf diese Weise bei, das Elend in der Welt zu lindern. Noch großzügiger kann sie ihre geistigen Güter: ihr Gebet, das eigene Wissen und Können, ihre Erfahrungen, zur Verfügung stellen und sich dann selbstlos über den Erfolg anderer freuen. Selbstlosigkeit, Dankbarkeit, Frohsinn sind Früchte befreiender Armut.

Dann das Versprechen des *Gehorsams*. Auch dieser Begriff verlangt eine Klärung im Denken unserer Mitmenschen. Der Gehorsam der Ordensleute kann niemals dem Gehorsam eines unwissenden und unerfahrenen Kindes gleichgesetzt werden. Er ist das Zeichen reifer Freiheit und der Bereitschaft, sich anrufen zu lassen. Gott wendet sich in seinen Geboten und Räten immer an die Freiheit des Menschen und erwartet eine Antwort, die bei der Erfüllung des Auftrags auch die eigenen Verstandes- und Willenskräfte einsetzt. So verstandener Ordensgehorsam erzieht zur Mitverantwortung in der Nachfolge dessen, der von sich gesagt hat: »Meine Speise ist es, den Willen dessen zu tun, der mich gesandt hat, um sein Werk zu Ende zu führen.« Als Schulleiterin wäre ich arm daran gewesen, hätten die Schwestern nicht einen verantwortungsbewußten Gehorsam vollzogen. Als Ausdruck desselben Gehorsams erwarten die Obern, daß wir Schwestern wirklich verfügbar sind und im Interesse der gemeinsamen Aufgaben persönliche, in sich berechtigte Wünsche zurückzustellen wissen.

Von der Gemeinschaft getragen

Unser dreifaches Gelöbnis wird getragen von der *Gemeinschaft.* Die erste christliche Gemeinschaft, die Schar der Jünger um Jesus, weitete sich aus zur Gemeinschaft aller Menschen in Christus, zur Kirche. In ihr fügen sich immer wieder Menschen zur besonderen Christusnachfolge zusammen; gemeinsam sind sie »um die Dinge des Herrn besorgt«. Dabei verliert der einzelne Ordenschrist seine Identität nicht. »Er bleibt ein 'Ich', das sich aber in ein umfassenderes 'Wir' eingefügt hat, aus dem und für das er lebt« (J. Ratzinger).

Wer nicht allzu selbstverständlich in seiner eigenen Ordensgemeinschaft steht, muß staunen über die Einheit in der Vielfalt. In unserer großen Kongregation finden sich Schwestern verschiedenster Begabung und Bildung, Kultur- und Gesellschaftsstufen, Nationen und Rassen zur spürbaren Einheit zusammen, weil sie in Liebe auf gleiche Weise nach demselben Ziel streben. Welch intensiver Austausch an fürbittendem Gebet, an Ideen und Kräften ist in solcher Gemeinschaft möglich, auch wenn sie, in kleine oder größere Gruppen aufgeteilt, an der Arbeit ist; welche großen Aufgaben können so im Dienst der Kirche unternommen und bewältigt werden!

Den Einsatz der einzelnen vergilt die Gemeinschaft reichlich. In ihr findet sie echte menschliche Beziehungen. Bei Schwierigkeiten wird ihr Hilfe, der nötige Rückhalt. Der Schwester, die müde – vielleicht enttäuscht von der Arbeit – zurückkehrt, schenkt sie Geborgenheit, Aufmunterung und neuen Schwung. Selbst verstanden, wird es der Ordensfrau leichter, die Welt der Mitmenschen liebend zu verstehen und so wahrhaft »Schwester« für sie zu werden. Auch wenn Altersbeschwerden oder Krankheit sie heimsuchen, muß sie nicht Angst haben, lästig zu fallen; sie hat selber dazu beigetragen, daß die Gemeinschaft gut für sie sorgen kann. Wenn wir unsere alten und kranken Schwestern nicht hätten! Sie werden eifrig besucht und ihrem Gebet alle Anliegen empfohlen.

Als junge Schwester aber bekam ich, lange bevor ich mich an der gemeinsamen Aufgabe beteiligen konnte, jahrelange Einführung in den Geist der Christusnachfolge in unserer Kongregation, dazu die geeignete Berufsausbildung und später immer wieder die nötige Weiterbildung. Wohl die meisten Mitschwestern hätten von zu Hause aus kaum so viel Schulung erhalten können.

Ich würde es nochmals tun

Mein Loblied über das Leben in einer religiösen Gemeinschaft kam aus dem Grund meiner Seele. Natürlich verhindert auch unsere Lebensform das Leiden nicht, weder das körperliche noch das seelische. Christusnachfolge führt bis zur Torheit des Kreuzes. Jeder Ordenschrist, besonders aber wohl die Kreuzschwester, muß bereit sein, dem Gekreuzigten in irgendeiner Weise ähnlich zu werden. Wie könnte sie auch sonst den leidenden Bruder verstehen?

Ich weiß auch, daß das Ordensleben seine Grenzen hat. Hat sie nicht jeder Mensch? Das bedeutet Schranken auch für das Ganze. Aber ich erlebte diese zugleich als Aufforderung – für die Gemeinschaft wie für die einzelne –, das Streben nach immer mehr Gottes- und Nächstenliebe zu intensivieren. Gefühlsmäßige Reibungen sind unvermeidlich, bleiben aber doch meist an der Oberfläche. Wieviel Einsicht und guter Wille sie kompensiert, erhellt aus den Worten einer Schwester, die mir kürzlich schrieb: »Ich muß gestehen, daß meine Schülerinnen mich im 3. Unterrichtsjahr besser kannten, und durch meine Fehler das Bild vom Ordensleben verdunkelt wurde . . . Am eigenen Unvollkommensein könnte man den Mut zum Weitermachen verlieren; aber das Angenommensein von den Mitschwestern, das gute Beispiel, Gebet und Sakramentenempfang geben mir jeweils wieder Mut.«

Mut könnten ihr auch unsere guten alten Schwestern machen: sie, die die Last und Hitze des Tages getragen haben und nun innere Zufriedenheit und ein großes Glück ausstrahlen. Und Schwestern, die im Sterben versichern, wie dankbar sie Gott für seinen Ruf zum Ordensleben sind, deren Zeugnis ist glaubwürdig.

Auch der Gedanke, daß das II. Vatikanische Konzil dem Ordensleben hohe Anerkennung bekundete, sollte sie zum Durchhalten ermutigen, ebenso die Überlegung, daß außerhalb der katholischen Kirche religiöse Gemeinschaften wie die Brüderschaft von Taizé und die Marienschwestern von Darmstadt sich um die gleiche Form der Christusnachfolge bemühen.

Glück ist nicht selbstzufrieden. Es möchte andere im Besitz desselben Glückes sehen. Es geht dem Ordenschristen mit seinem Glück über »den verborgenen Schatz«, den er gefunden hat, nicht anders. Wird er aber von der heutigen Jugend verstanden, von ihr, die so radikal ist und so ideale Vorstellungen hegt? Ich glaube, ja! Aber der Ordenschrist muß sein Ergriffensein von Gott ausstrahlen, bei seiner beruflichen Tätigkeit und in der eigenen Gemeinschaft; die Jugend hat nach meiner Erfahrung auch dafür ein gutes Gespür. Er muß zeigen, daß er von innen heraus glücklich ist. Dann wird er als Zeuge anerkannt, und sein Beispiel vermag wohl ein angerufenes junges Herz hellhörig zu machen.

Der Jugendliche fordert dies Zeugnis von uns. Wenn er selber Gottes Ruf folgt, erwartet er seinerseits Forderungen und ist zu Einsatz und Opfer bereit. Er wünscht nicht, daß ihm im Kloster ein »gut bürgerliches Leben« angeboten wird. – Das Konzil hatte von den Ordensgemeinschaften verlangt, daß sie den Wandel von einem veralteten zum neuen Menschenbild vollziehen. Das brachte viel Verständnis und Öffnung für die heutige Zeit und ihre Bedürfnisse. Dabei mag das Pendel der Anpassung da und dort zu stark ausgeschlagen haben. Aber die Erfahrung damit wird alle Ordensgemeinschaften den von der Gründer-Initiative gewollten Stil wieder finden lassen, auch im neuen Kleid. Dann dürfen sie auch wieder Anforderungen an die Opferbereitschaft stellen, ohne die restlose Hingabe an Gott nicht möglich ist.

Allen jungen Menschen, die Gottes Werben mit zuversichtlichem Ja beantworten, bekenne ich: Wäre ich mit all meiner Erfahrung nochmals jung, ich ginge wieder ins Kloster.

Bernhard Häring CSSR
MÜNCHNER PROVINZ DER REDEMPTORISTEN

Redemptorist – mit ganzem Herzen

Geboren und getauft am 10. November 1912 in Böttingen als elftes von zwölf Kindern hatte ich das Glück, tiefgläubige, herzensgute und seelisch gesunde Eltern zu haben. 1933 empfing ich das Ordenskleid der Kongregation des allerheiligsten Erlösers und legte nach genau einem Jahr die ersten Gelübde ab, trotz des heftigen Warnens des Hausarztes des Klosters Gars am Inn, der fest voraussagte, daß ich nie wirklich arbeitsfähig sein werde, wenn ich die Last des Ordenslebens auf mich nähme. Im Mai 1939 erteilte mir Kardinal Faulhaber die Priesterweihe. Ende desselben Jahres wurde ich zum Sanitätsdienst in der Wehrmacht eingezogen. Am Vortag meines Eintritts in die Kaserne legte ich die letzten Examina in Pastoraltheologie ab. Anfang Januar 1940 wurde ich freigestellt und lehrte Moraltheologie an der Ordenshochschule Gars am Inn. Im September des gleichen Jahres wurde ich jedoch erneut eingezogen. Ich diente als Sanitätsfeldwebel an der russischen Front vom ersten bis zum letzten Tag des Krieges, der mich als russischen Kriegsgefangenen zurückließ. Von mutigen polnischen Männern befreit, diente ich ein halbes Jahr als Priester in der Pfarrei Jastarnia (Polen).

Hätte ich selbst zu wählen gehabt, so wäre sicher das Lehramt als Moraltheologe die allerletzte Wahl gewesen. Ich sagte das auch meinem Provinzialobern, als er mir seinen vom Professorenkollegium gewünschten Entschluß mitteilte. Aber ich vertraute auf den Segen des Gehorsams. Die Obern sagten mir ganz ausdrücklich, es sei ihre Hoffnung, daß ich Moraltheologie anziehender und positiver gestalten werde, als dies bisher der Fall war. Seit meiner Promotion in Tübingen im Juni 1947 war ich stets Lehrer der Moraltheologie, zunächst in unserem Ordensstudentat Gars am Inn, seit 1951 semesterweise auch in Rom. Seit 1957 bin ich ordentlicher Professor der Moraltheologie an der von den Redemptoristen gegründeten und geleiteten Academia Alfonsiana, wo ich in diesen Jahren insgesamt etwa 1600 Studenten hatte, die sich in Moraltheologie spezialisierten. Daneben war ich neun Jahre lang Gastprofessor an Lumen Vitae (internationales Katechetisches Institut) in Brüssel. Nach dem Konzil war ich dreimal je ein Semester Gastprofessor an bedeutenden evangelischen theologischen Fakultäten in den Vereinigten Staaten. Meine Tätigkeit ist vielseitig und fast immer ein Quell der Freude. Ganz bewußt pflege ich den Kontakt mit der Seelsorge und den Seelsorgern, insbesondere in Afrika und Asien.

Rückhalt in der Gemeinschaft

Ich müßte ein Buch schreiben, um alles aufzuzählen, was ich meiner Ordensgemeinschaft verdanke. Vor allem gibt sie mir eine geistige Heimat und den Raum für schöpferische Freiheit und Treue. Ich könnte mir mein priesterliches Leben ohne diese Glaubens- und Gebetsgemeinschaft kaum vorstellen. Ich empfing von meinen Obern und Mitbrüdern viel Ermunterung und Anregung. Die Obern gaben mir reichlichen Vorschuß an Vertrauen. Auch die große Verschiedenheit der Temperamente und des erzieherischen Hintergrundes der Mitbrüder, der theologische Pluralismus und gelegentliche Spannungen erwiesen sich insgesamt als befruchtend und bereichernd. Regel und Gehorsam legten manche Verzichte auf. Aber ich habe mich nie eingeengt gefühlt. Im Gegenteil, ich könnte mir gar nicht vorstellen, daß ich außerhalb meiner Gemeinschaft so viel Möglichkeit für geistiges Wachstum und segensreiche Tätigkeit hätte finden können. Das gemeinsame Leben ist mir im Grunde nie schwer gefallen, ganz besonders nicht, als ich nach den langen Kriegsjahren zurückkehrte.

Ich schaue auf mein Ordensleben zurück als Erfahrung der Heilsgemeinschaft. Das Apostolat verlangt gemeinsame Bemühung und Verpflichtung auf gemeinsame Aufgaben. Das besondere Versprechen der Redemptoristen, sich der Vernachlässigten und Ärmsten anzunehmen, war mir Leitstern. Ebenso finde ich das Gelübde, keine Ehrenämter und Titel zu suchen, als einen ausgezeichneten Schutz der inneren Freiheit im Dienste der Kirche.

Ich kann mir kaum vorstellen, daß ich ohne den Rückhalt und die Hilfe meiner Gemeinschaft mein Buch »Das Gesetz Christi« je geschrieben hätte. Jedenfalls wäre es nicht so geschrieben worden und nicht in so kurzer Zeit. Eine ganze Reihe von Mitbrüdern zeigten sich stets hilfsbereit. Unter vielen sei der verstorbene P. Viktor Schurr, zuerst mein Dogmatikprofessor, dann mein Kollege in Gars und Rom, genannt. Er las fast alle meine Manuskripte, bevor sie zum Verlag gingen. Freimütig in der Kritik, war er stets darauf bedacht, meine innere und äußere Freiheit zu respektieren. Die Bemühungen meiner Mitbrüder um zeitgemäße Verkündigung, ihr Beispiel und ihr Drängen auf meine Mithilfe, waren Grundvoraussetzungen für meinen eigenen Weg.

In meiner Ordensgemeinschaft bleiben viele Personen verborgen, obwohl gerade sie vielleicht den bedeutsamsten Beitrag leisten. Ich denke an manche unserer Ordensbrüder, die uns in ihrer Einfachheit, ihrem Gebetsgeist, ihrer Regeltreue und durch so viele bescheidene Dienste mittragen und das Apostolat insgesamt möglich machen.

Monopol der Ordensleute?

Das Zweite Vatikanische Konzil, das ich als Theologe der doktrinellen Kommission und als Konsultor zahlreicher Konzilsväter aus der Nähe und mit leidenschaftlicher Teilnahme miterlebte, war mir eine Zeit hochgespannter Hoffnungen für die Kirche, und damit auch für das Ordensleben. Die Vorbereitungskommission, die für die religiösen Institute zuständig war, bedeutete für mich jedoch theologisch eine große Enttäuschung. Ich studierte ihre Vorlagen für mich und zusammen mit Bischöfen und Ordensobern gründlich durch. Ganz deutlich zeigte sich darin die Tendenz, den Orden für die christliche Vollkommenheit ein Monopol zuzuschreiben, während »die übrigen Christen nur von Geboten geleitet werden.

Während des Konzils zeigte sich jedoch ein Durchbruch: Die Ordenschristen nehmen die Vollkommenheit durchaus nicht in Erbpacht; sie dürfen nicht in Kategorien eines »höheren Standes« oder einer höheren Klasse denken. Sie sollen vielmehr ihr eigenes Charisma und Apostolat so leben, daß alle Christen zur Mündigkeit heranwachsen und zum vollen Glauben an ihre Heiligkeitsberufung kommen können. Die Kapitel 5 und 6 der Dogmatischen Konstitution über die Kirche scheinen mir ein befriedigender Ausdruck dieser Besinnung zu sein. Bezüglich der Vorlage über das Ordensleben setzte sozusagen in letzter Stunde ein starkes Ringen ein, den Geist des Konzils einzubringen. Es hagelte von Verbesserungsvorschlägen. Aber das Dekret *Perfectae caritais* ist nicht aus einem Guß. Und vor allem während der ersten Jahre nach dem Konzil lebten die theologischen Konflikte und die verschiedenartigen Mentalitäten in störender Weise weiter. Je mehr die einen nach rückwärts schauten, umso mehr neigten andere dazu, nach vorne oder nach Seitenwegen hin die Flucht anzutreten. Nicht das Konzil, sondern die mangelnde Annahme des Gesamtgeistes des Konzils blieb der hauptsächliche Störfaktor. Diese Unsicherheit war einer der zahlreichen Gründe für den Verlust von guten Ordensleuten und für den Mangel an neuen Berufen. Daneben zeigte sich vielerorts ein Verzicht auf die Ausübung der Autorität. Manche Obern hatten nicht den Mut, Mitglieder, die überhaupt keine Bereitschaft zeigten, ein echtes christliches, geschweige denn ein echtes Ordens-Leben zu führen, zur Ordnung zu rufen oder zu entlassen – zum großen Schaden der Glaubwürdigkeit und des guten Gemeinschaftsgeistes.

Schulen des Gebetes – Schulen des Glaubens

Mein Vertrauen in den Sinn unseres Berufes kam bei all dem nie ins Wanken. Meine Hauptsorge war nie die Frage, ob wir Nachwuchs haben würden oder nicht, sondern ob wir Ordenschristen die Zeichen der Zeit verstünden und unseren Auftrag für Kirche und Welt treu erfüllten. Ich benützte die vielen Kurse für Ordensleute und insbesondere für Obere und die zahlreichen Exerzitienpredigten für Generalkapitel dazu, auf eine Erneuerung des Gebetslebens zu drängen. Dabei gehts es nicht einfach um die Aufforderung, viel zu beten, sondern ebenso und noch mehr: zu lernen, was echt christliches Beten heute bedeutet. Jede Ordensgemeinschaft sollte eine Schule des Gebetes sein. Da dies jedoch in Wirklichkeit nicht der Fall ist, sollten die religiösen Institute »Häuser des Gebetes« errichten mit Ordenschristen (und vielleicht auch mit einigen Weltchristen), denen der Gewinn der Mitte im Gebet, in Anbetung und Freiheit für die anderen, das Hauptanliegen ist.

Mitzuerleben, wie dieses Anliegen von zahlreichen Gemeinschaften schöpferisch aufgegriffen wurde, war eine der größten Gnaden meines Lebens. Heute gibt es hunderte dieser Schulen des Gebetes, Schulen des Glaubens in allen Weltteilen. Sie folgen nicht dem Modell der alten strengen Klausur, die nicht selten eine einseitige Weltflucht verriet, sondern der Tradition der Propheten des Alten und Neuen Bundes. Es geht um die Synthese von Gebet und Wachsamkeit: »Herr, hier bin ich! Rufe mich!« Allein für Nordamerika sind mir mehr als achtzig katholischer Häuser des Gebetes dieses Typs bekannt, die schon mehr als zwei Jahre bestehen und blühen, nicht zu schweigen von zahlreichen ökumenischen Häusern und von Konventen der Karmeliterinnen, Armen Klarissen und anderer, die in Treue gegenüber ihrer besten Vergangenheit lebendige Schulen des Gebetes für viele geworden sind.

Ich weiß nicht, ob wir den Taifun, der viele Ordensgemeinschaften zutiefst erschüttert hat, hinter uns haben. Aber ich meine so viele Zeichen der Hoffnung zu sehen und finde so viele Möglichkeiten, dem Reich Gottes zu dienen, daß kein Platz für Verzagtheit bleibt.

Gregor A. Heussen SJ
NIEDERDEUTSCHE PROVINZ DER GESELLSCHAFT JESU

Sensible Solidarität im Glauben mit denen, die keine Kirchgänger sind

1939 bin ich in Berlin geboren, meine Eltern kommen aus dem Rheinland, die Bomben haben uns 1942 in den Südschwarzwald vertrieben. Dort ging ich in eine Dorfschule, die in acht Klassen gerade 24 Kinder hatte. Das Gymnasium besuchte ich in Bonn – Bad Godesberg. 1958 begann ich als Jesuit und arbeite seit sieben Jahren als Autor und Regisseur in Fernsehen, Film und Hörfunk.

Seit ich, mit knapp neunzehn Jahren, in die Gesellschaft Jesu eintrat, ist dieser Orden nicht der gleiche geblieben. Das ermutigt mich für die Zukunft. Damals zeigte sich der Orden als eine festgefügte Institution, an die ich mich anzupassen hatte: mit Soutane, Tageslauf, Vorschriften, Studiengängen, Verhaltensweisen. Ich bemühte mich ziemlich, all das zu übernehmen, und lernte eine Menge Mitbrüder kennen, die damit sehr viel mehr Schwierigkeiten hatten als ich. Auch damals wußte ich, daß das Gesicht einer Ordensgemeinschaft im wesentlichen von der Art der darin lebenden Leute geprägt wird. Mir war klar, daß da auch ich einen guten Teil Verantwortung hatte. Aber es war mir eben nur klar. Getan habe ich für diese Verantwortung in den ersten Jahren sicher nur wenig.

Neue Erfahrungen

Heute ist meine Erfahrung anders. Wir versuchen – schwerfällig zwar und oft viel langsamer als mir lieb ist – voranzukommen auf dem Weg zu größerer Solidarität mit den Menschen, die Unrecht erleiden, die irgendwo am Rande stehen, gesellschaftlich und kirchlich. Die Erfahrungen, die ich auf diesem Wege mit manchen Mitbrüdern gemacht habe, sind für mich wichtiger geworden als die Angst, die Vorurteile und die Hindernisse, die sich auch innerhalb unseres Ordens deutlich zeigen. Auch für Novizen ist der Orden heute nicht mehr die feststehende Institution von vor zwanzig Jahren. Gott sei Dank.

Jesuit zu sein, bedeutet für mich kein Beruf, sondern meine Lebensform; ähnlich wie manche meiner Freunde verheiratet sind und andere ledig. Innerhalb dieser Lebensform arbeite ich als Autor und Regisseur. Ich interessierte mich schon lange für eine Arbeit in diesem Bereich. Meine Mitbrüder fanden es gut, in einem Gebiet anzufangen, in dem der Orden bisher kaum vorhanden war. Das Risiko, ohne kirchliche Anstellung zu arbeiten, zeigte sich durch Erfolge gerechtfertigt. Dabei sind für mich die ausgesprochen religiösen oder kirchlichen Themen nicht vordringlich. Mich beschäftigen mehr die Menschen am Rande mit ihren nicht alltäglichen Alltagserfahrungen: die alleinerziehenden Mütter, die jugendlichen Langzeitkranken, Menschen in unterentwickelten Ländern, die zweite Generation der ausländischen Mitbürger, die Erfahrungen geistig behinderter Menschen, die Gewissensfragen von Kriegsdienstverweigerern. Was hat der Glaube mit Caritas zu tun, wie geht Kirche mit Homosexuellen um, welche Chancen haben Geschiedene in der Glaubensgemeinschaft? Will die Kirche Solidarität entwickeln mit denen, die zwar getauft sind, deren Glauben aber inzwischen verdunstet ist?

Mein Beruf bringt mich mit immer neuen Gruppen und Erfahrungen zusammen, die mich stutzig machen, neugierig, zornig, froh. Weil ich in einer Gemeinschaft kirchlich engagierter Leute lebe, kann ich diese Erfahrungen mit den ihren austauschen. Auf viele Themen bin ich durch meine Mitbrüder aufmerksam geworden. Manche unbequemen und aufreizenden Fragen müssen sie von mir erdulden.

Wir sind mehrere Jesuiten in den Medien. Einige arbeiten, wie ich, als freie Autoren, andere im mehr innerkirchlichen Bereich, als Fernsehbeauftragte und Referenten für Medienpädagogik. Einige möchten das Handwerk noch lernen. Ich habe mich schon öfters gefragt, ob ich eigentlich für diese Arbeit Priester sein müßte. Sicher nein. Oder in einem Orden leben? Wahrscheinlich nicht. Aber die Lebensform in einem Orden – für mich auch gerade in diesem – fördert mein Engagement. Und als Autor auch Priester zu sein, erfahre ich für beide Bereiche als fruchtbar.

Ich habe herausgefunden, daß die Spannung zwischen ausgesprochen priesterlicher Tätigkeit und der Arbeit hinter der Kamera oder im Studio mich herausfordert zu neuen Sichtweisen beider Bereiche. Für mich persönlich ist mir im Lauf der Jahre immer deutlicher geworden, daß ich, um wirklich ich zu sein, beide Berufe ausüben muß, auch wenn, von der Zeit und von der Kraft her, die priesterliche Tätigkeit eindeutig auf dem zweiten Rang steht.

Solidarität in Spannung

Mit anderen Mitbrüdern gemeinsam, versuchen wir Gottesdienste für unregelmäßige Kirchgänger und ihre Freunde: in einer regelmäßigen Abendmesse in der Pfarrei St. Ignatius am Gärtnerweg in Frankfurt. Ich gebe jedes Jahr einen oder zwei Exerzitienkurse für Ordensschwestern.

In meiner Berufsarbeit finde ich viele Kontakte in intensiven Gesprächen mit Menschen, die nie einen Pfarrer sehen.

Ich kann keine kontinuierliche religiöse Arbeit leisten, wie es Mitbrüder tun, die für besondere Gruppen da sind oder in einer Gemeinde arbeiten. Das empfinde ich als Mangel. Aber meine Mitbrüder haben mich darauf aufmerksam gemacht, daß sie selbst manchmal gerne ein wenig mehr Unruhe in ihrem Leben hätten. Vielleicht sehne ich mich da nur nach den Möglichkeiten der anderen.

Meine Art zu glauben hat sich verändert im Laufe der Jahre. Früher dachte ich, alle Fragen könnten mit dem Verstand bewältigt werden. Glaube sei vor allem eine Frage der Lehre. Heute ist Glauben für mich ein Verhalten der Begleitung geworden. Oft begleite ich andere. Dabei mußte ich lernen, ihre Wege mitzugehen, selbst dann, wenn ich nicht jede Biegung dieses Weges akzeptiere oder verstehe. Manchmal bin ich sehr froh, wenn andere – Mitbrüder oder Freunde – mich begleiten. Diese Erfahrung des Glaubens spiegelt sich wider in meinen Filmen und Hörstücken, auch wenn sie nicht ausdrücklich davon sprechen.

Den Orden erlebe ich auf zwei Ebenen: weltweit und konkret in der Hausgemeinschaft. Für meine Identifizierung des kirchlichen Engagements sind Mitbrüder in Uruguay wichtig geworden, die neue Wege der Evangelisierung erproben,

Mitbrüder in Indien, die wirklich mit den Armen leben, Mitbrüder in Rom, die sich für das Management der Gemeinschaft verschleißen. Daß es nicht nur meine private Vorliebe ist, Jesuit zu sein, wird mir auf dieser Ebene deutlich erfahrbar. Konkret wird der Orden aber vor allem in denen, mit denen ich gemeinsam im Hause lebe. Und ich glaube, das Klima der Kleingemeinschaft im Orden ist für das Überleben eines Engagements entscheidend. Wir leben in Frankfurt am Rande des Westends, in einer überschaubaren Gruppe von 16 Männern im Alter zwischen 28 und 75 Jahren.

Die Solidarität mit den Mitbrüdern irgendwo in der Welt bleibt fern. Die Gemeinschaft wird lebendig in denen, die sich direkt kennen, die ihre Konflikte miteinander austragen müssen und es allmählich lernen, mit ihren Grenzen und Stärken gemeinsam als Christen zu leben. In unserer Gemeinschaft treten immer wieder heftige Spannungen auf, nicht nur zwischen den Generationen. Das ist schließlich unter Erwachsenen normal. Die Erfahrung, daß wir in unserem Hause allmählich bereiter werden, solche Spannungen ohne Angst anzupacken, bestärkt mich im Glauben, auch dann, wenn wir in unserem Hause weder ein ideales Ordensleben führen noch alle Probleme lösen, die anliegen. Aber allmählich hat sich – durch die Erfahrung von Gruppenregeln verstärkt – ein Klima der Bereitschaft breitgemacht, in dem wenigstens gute Hoffnung besteht, daß wir nicht einfach auf den alten Positionen sitzen bleiben müssen. Ich weiß, daß es in Ehen ähnlich geht.

»Modellfall« Orden

Wir leben in der Bundesrepublik in einer Gesellschaft, die öffentlich nicht mehr von christlichen Werten geprägt ist. Der institutionelle Anspruch der Kirchen ist sicher größer als die Glaubenswirklichkeit ihrer Mitglieder zulassen dürfte. Ordensleute wirken oft einfach komisch auf die Leute, und ich frage mich, warum. Ordensleute reagieren häufig verängstigt auf Anforderungen, wie unter Schranken, hinter Gittern, weltfremd. Man hat nicht den Eindruck, sie seien durch den Glauben von Angst befreit, eher spürt man das Gegenteil. Viele Fragen an mich lauten spontan: Ja, dürfen Sie denn ...?

Ich denke, daß die Orden sich im dauernden Abwehren ein gut Stück selbst mürbe gemacht haben. Für mich ist der Orden eine Lebensmöglichkeit, in der Christen als erwachsene Menschen im Glauben mit Konflikten umgehen lernen, Angst zu bewältigen, sich bemühen und die Erfahrungen aller Menschen, denen sie begegnen, so ernst nehmen, wie sie auftreten. Christen in einem Orden können zeigen, wie Menschen ihre inneren und äußeren Isolierungen aufsprengen, ohne daran zu zerbrechen. Wenn sie das tun, wird ihr Apostolat wirksam. Wenn sie aber so geistig eingesperrt reagieren, wie sie es noch oft tun, dürfen sie sich über die Unwirksamkeit ihrer Botschaft nicht wundern.

Wie Kirche auf Menschen wirkt, hängt nicht so sehr vom Reden, sondern vom Verhalten ab. Wir sind aber nicht im Orden, weil wir uns alle so sympathisch finden, sondern weil wir in einer konkreten kirchlichen Lebensgemeinschaft eine gemeinsame Glaubensbasis verwirklichen wollen. Kirche wird in einer besonderen Weise sichtbar in den Orden. Ein Orden ist auch nicht nur eine praktische Arbeitsgemeinschaft, selbst wenn Jesuiten oft den Eindruck machen, als lebten sie nur am Schreibtisch oder im Auto. Wir spüren heute mehr denn je, wie wenig es genügt, als Christ sich von der Arbeit her zu definieren. Im Idealfall kann aus der Versammlung von Menschen in einem Orden eine Gemeinschaft von Freunden werden. Ich habe unter Jesuiten wirkliche Freunde gewonnen. Religiös glaubwürdig wird eine Ordensgemeinschaft am Ort durch die Art, wie die Ordensleute miteinander umgehen, wie sie ihre gemeinsamen Probleme meistern, welche Freunde sie haben und welche Erfahrungen sie zulassen. Heute ist diese Glaubwürdigkeit häufig verloren. Sie wiederzugewinnen – und damit die apostolische Wirksamkeit – bedeutet oft harte Auseinandersetzung mit dem, was »man« tut, was »dem Üblichen« entspricht und was »dem guten Priester« ziemt. Die oft zitierte Klugheit erweist sich häufig als Feind der Glaubwürdigkeit. Priester und Ordensleute, so habe ich mehr und mehr für mich selbst erfahren, müssen nicht nur etwas Solides verkünden, sondern sich selbst einbringen in die Beziehung mit anderen Menschen.

Die apostolische Qualität eines Ordens liegt meiner Erfahrung nach nicht so sehr in der Arbeitsqualität seiner Mitglieder, sondern darin, wie die Hausgemeinschaft und die

Gesamtgemeinschaft auf Christen und Nichtchristen wirkt. In unserer hochdifferenzierten und industrialisierten Gesellschaft haben sich die Schwerpunkte dieses gemeinschaftlichen Apostolats geändert. Daß man auch heute noch Ordensleute an Trachten erkennen kann, wirkt, so weiß ich, nicht nur auf mich wie religiöse Folklore. Ich wünsche mir Mitbrüder und Mitschwestern, denen man anmerken kann, daß sie mit Menschen Erfahrungen haben, daß sie gemeinsam sich bemühen, mit Konflikten erwachsen und gläubig umzugehen, daß sie Erfahrungen zulassen und ihnen nachgehen, auch wenn sie den eigenen Vorlieben querlaufen, daß sie etwas von der Freiheit des Glaubens an Christus in ihrem Umkreis verbreiten. Dies, so habe ich erfahren, stärkt die Solidarität und verbreitet die Achtung vor den Menschen, die wir als Gläubige erst noch gewinnen müssen. Auch wenn ich weiß, daß wir noch lange nicht so weit sind, scheint es mir wert, in diesen Weg zu investieren.

Gemma Hinricher OCD
KARMELITINNEN VOM KARMEL HL. BLUT, DACHAU

Für die Menschen

Am 4. 1. 1932 wurde ich zu Münster i. W. geboren. Das Ergebnis einer guten menschlichen und religiösen Erziehung und der Absolvierung des von den Vorsehungsschwestern geleiteten Mädchengymnasiums (Abitur 1952) war das Studium der Theologie und Philosophie (1952–1958), Diplom der Theologie und schließlich der Eintritt in das Karmelitinnenkloster Bonn-Pützchen (1959). 1963 legte ich dort feierliche Profeß ab und durfte 1964 mitgehen zur Gründung nach Dachau. Nach dem Tod unserer Gründerin, Sr. Dr. Maria-Theresia Vorbach, stehe ich dem Konvent seit 1970 als Priorin vor.

Meine Tätigkeit als Priorin liegt zunächst wie die jeder anderen Schwester in dem kontemplativen Dienst unserer Gemeinschaft. Mir obliegt außerdem die geistige und geistliche Weiterbildung des Konvents und zum Teil auch die Ausbildung der Novizinnen, sowie die geistliche Führung der einzelnen Schwester. Als Karmelitin und Theologin wurde ich auch gebeten, an der geistlichen Bildung der Ordensfrauen in unserer Erzdiözese auf mir mögliche Weise mitzuarbeiten. Den Gruppen, die zu uns kommen, versuche ich, zusammen mit einigen Schwestern, Gebets- und Glaubenshilfen zu geben. Ein sehr großes Briefapostolat und eine Art »Telefonseelsorge« sowie manche unverhofften Dienste an dieser touristenreichen Stätte (1976 haben über 500 000 Touristen Dachau besucht) machen das Leben nicht wenig abwechslungsreich.

Als kontemplative Gemeinschaft sind wir heute dem Fragen der Menschen nach dem Sinn eines Ordenslebens wohl besonders ausgesetzt. Denn der Sinn unserer Existenz wird so einfachhin für die Menschen kaum deutlich und einsichtig. Das ist auch gut so. Denn das läßt uns selbst nicht ruhen, immer wieder neu den Sinn und die Berechtigung unserer eigenen Existenz zu überdenken. Da fragen die Menschen: Was tut denn ihr den ganzen Tag? Warum setzt ihr euch nicht ein in den vielfachen Aufgaben an den Menschen, warum seid ihr nicht da, wenn Menschen in Not sind, warum verschanzt ihr euch statt dessen in einen Raum der Stille, anstatt im Lärm der Welt der Verzweiflung und dem Elend abzuhelfen? Geht euch die Not der Menschen so wenig zu Herzen?

All diese Fragen beunruhigen uns in heilsamem Sinn. Denn es ist ja wahr: Es gibt so viel Not, es gibt so viel Elend in der Welt, so unendlich viele Menschen, die leiden, allein sind und in Not. Sollten wir da nicht herausgehen, ihnen zu helfen? Können wir sie allein lassen? Was berechtigt uns zu einem Leben, das den Menschen keine konkrete Hilfe anbietet, das seinen Wesenskern im Gebet, in einem betenden Dienst sieht? Muß denn die Hingabe an Gott im Gebet sich nicht anders konkretisieren für die Menschen, als sie es tut? Kann ein solches Leben überhaupt Sinn haben für andere, kann es etwa ein Dienst sein?

Die bleibende Frage

Diese Fragen sind oft hart, weil sie immer neu die eigene Existenz in der Tiefe treffen und immer neu bewußt machen, wie sehr der Versuch, als Christ zu leben, ein Wagnis des Glaubens ist und die Unsicherheit menschlicher Existenz mit sich bringt. Diese Fragen sind um so härter, als meine Mitschwestern und ich selbst ja gerade für und wegen der Menschen in den Karmel gegangen sind. Gerade das, was so wenig deutlich wird, so wenig in Erscheinung tritt, das wollen wir ja leben. Ich selbst kann von mir sagen, daß ich immer ein großes, um nicht zu sagen ungeheures Verlangen hatte, mit meinem Leben, mit meiner ganzen Existenz für die Menschen da zu sein, mich für sie einzusetzen. Und ich war Gott manchmal ein wenig böse, daß gerade meine Weise, den Menschen zu dienen, der Karmel sein sollte. Ich konnte mir nicht vorstellen, daß meine lebendige und temperamentvolle Art im Karmel einen »Platz« hätte, daß meine mit Ideen und Initiative geladene Energie in einer so stillen Oase, wie ich damals dachte, geduldet würde. Aber das waren Versuche zu fliehen. Außerdem hatte ich einen Beruf, in dem mir gerade damals viel Möglichkeiten geboten wurden, für Menschen zu leben, und es ist mir nicht leicht gefallen, ihn aufzugeben.

Ich sagte, daß ich ja gerade der Menschen wegen dem Ruf des Herrn in den Karmel gefolgt bin. Ich war zu der Überzeugung gekommen, daß ich mein Leben, meine Existenz in einem betenden Dasein für die Menschen einsetzen solle, in einem Dasein, in dem Erfolg und Leistung klein geschrieben sind, in dem – menschlich gesprochen – Unrentabilität zum Wesenskern gehört. Ich kam zu dem Glauben, daß ein solches Leben, wenn es in Verantwortung und äußerster Konsequenz vollzogen würde, Dienst sein könne für die Menschen, und daß es nur an mir sei, im Glauben an den großen Gott die Hoffnung wachzuhalten, daß in meiner betenden Existenz die Not, das Leid, das Elend und alle Anliegen der Menschen besser aufgefangen seien als in meinen schwachen konkreten Versuchen zu helfen. Ich begann zu glauben, daß ich auf diese Weise etwas tun könne für die Menschen, und daß Gott wohl wolle, daß ich so mit meiner Existenz im Gebet für die Menschen da sei. Ich bin in den Karmel gegangen und habe es keinen Augenblick bereut, trotz aller Kämpfe und Versuchungen, zu den Menschen hin auszubrechen. Die ständige Frage meines Ordenslebens war und ist: Wie kann ich in der kontemplativen Lebensform des Karmel die Botschaft des Evangeliums leben, wie kann ich den Menschen auch ohne äußeres Wirken die Liebe Jesu nahe bringen, wie kann ich seine Zuwendung gerade zu den Armen, Schwachen, Kranken und Hilfsbedürftigen deutlich machen?

Heute weiß ich, daß dies möglich ist. Doch weiß ich auch, daß es nur möglich ist in einer Gemeinschaft zusammen mit Menschen, die bereit sind, mit dieser ständigen Frage nach der Verwirklichung des Evangeliums zu leben, ohne darauf eine fertige Antwort zu haben. Ich darf in einer Gemeinschaft leben, in der wir gemeinsam suchen, dem Geiste Jesu Christi tiefer, auch in neuen Formen, Raum zu geben, um dem Neuen Gebot Jesu Christi – und das ist das Gebot der Stunde – je neu zu entsprechen. Wenn das Synodenpapier »Die Orden und andere geistliche Gemeinschaften« sagt (2.1.7): Die geistlichen Gemeinschaften »haben nicht nur ihren Ort in der Kirche, sondern sie sind Kirche und sollen Kirche zur Erscheinung bringen, so daß man glauben kann, daß der Herr in ihrer Mitte ist (1 Kor 14,25)«, so sehe ich die wesentliche Funktion unseres kontemplativen Lebens an dieser Stätte Dachau darin, durch unseren Dienst des Gebetes, durch den Versuch, uns als Gemeinschaft für Gott und für die Menschen verfügbar zu halten, durch unsere Liturgie und unseren gemeinsam bezeugten Glauben die Nähe Jesu Christi und damit Kirche erfahrbar und greifbar zu machen.

Leben – keine bloßen Theorien!

Wir leben als betende Gemeinschaft auf dem Gelände des ehemaligen Konzentrationslagers Dachau, an einer Stätte, die von Unmenschlichkeit, Haß, Mord, Tod und Grauen geprägt ist. Hier ist es unsere Aufgabe, durch ein Leben in Einheit und Liebe, durch unsere glaubende Existenz Zeichen zu setzen, Zeichen von Auferstehung und Leben an einer Stätte des Todes, Zeichen von Vergebung und Versöhnung an einer Stätte der Schuld und des Unrechtes, Zeichen von Liebe und Menschlichkeit an einer Stätte der Unmenschlichkeit und des Hasses, und schließlich Zeichen der Hoffnung an einer Stätte, an der Leid siegreich getragen wurde. Die Menschen, die an diese Stätte kommen, müssen in unserer Gemeinschaft erfahren können, daß es Hoffnung gibt in allem Leid, daß Tod nicht das letzte Wort ist, und daß Liebe den Haß überlebt.

Wenn unser betender Dienst wirklich Dienst an den Menschen und für die Menschen ist, dann muß er uns als Gemeinschaft offen machen für alle Menschen, die uns aufsuchen. Es sind sehr viele Menschen, die sich in ihrem Leid, in ihrer Not, in Schuld und Verzweiflung an uns wenden und von uns Trost, Verstehen und Zuspruch erwarten. Vor allem aber erwarten sie, daß wir mit unserem Glauben und unserer Liebe ihnen nahe sind, daß wir mit ihnen glauben, mit ihnen beten, unser Leben mit ihnen teilen. Die Echtheit unseres kontemplativen Lebens erweist sich meines Erachtens ja wesentlich darin, ob wir unser Leben mit Gott mit den Menschen zu teilen bereit sind. Denn nichts, was unsere Berufung zu einem betenden Dienst betrifft, ist uns für uns selbst gegeben, alles ist von Gott den Menschen zugedacht. Und so haben wir nicht das Recht, auch nur irgend etwas daran unser eigen zu nennen. Es geht ja nicht darum, daß wir den Menschen zeigen und theoretisch deutlich machen, wie sie glauben, beten und lieben können, wie ihr geistliches Leben auszusehen hat, es geht ja vor allem darum, daß wir unser geistliches Leben mit ihnen teilen, daß wir sie teilnehmen lassen an dem Wirken Gottes in unserem persönlichen und gemeinsamen Leben und ihnen dadurch helfen, die Stellen zu finden, an denen Gott auch in ihrem Leben gewirkt hat und weiter wirken will. Leben teilen, Leben vermitteln – das ist unser Dienst.

In unseren Sprechzimmern ist in großem Vertrauen viel Not und Verzweiflung und Schuld ausgesprochen worden, und wir durften in vielfältiger Weise erleben, wie Menschen mit Gott ringen und in allem Leid und aller Not an Gott festhalten. Ich habe auch mit großer Freude erfahren dürfen, wie Gott in den Menschen wirkt und wie seine Liebe sich durch sie unserer ganzen Gemeinschaft mitteilt. Wir sind ja nicht etwa nur die Gebenden. Wir dürfen vom Leben anderer empfangen, um es betend wieder mitzunehmen zu Gott und es fruchtbar werden zu lassen in seinem Dienst.

Viele Menschen bitten uns, auch in Gebet und Meditation eingeführt und im geistlichen Leben weitergeführt zu werden. Aber diese Bitte ist immer auch eine Bitte um Teilnahme an unserem Leben, um Mitbeten und Mitglauben, eine Bitte um das gemeinsame geistliche Tun vor Gott. So dürfen wir oft erfahren, daß wir einander zur Gotteserfahrung werden, innerhalb unserer eigenen Gemeinschaft, aber auch in betender Gemeinschaft mit den vielen Menschen, die zu uns kommen.

Und dies ist auch das Wesentliche, das die jungen Menschen heute anzieht, sowohl die, die hier in unserer Gemeinschaft leben, als auch die, die in vielen Gruppen zu uns kommen, daß sie Leben erfahren und keine bloßen Theorien. Um so wichtiger ist es, die eigene Existenz ganz konsequent und ohne Abstriche zu leben, damit dies Leben wirklich als Leben deutlich und erfahrbar werden kann. Die Menschen spüren, ob Leben da ist. Viele Worte bringen es nicht.

Ob dieser Dienst eine Weise ist, von Christus zu künden, der den Menschen anders als in menschlicher Nähe und in dienender Liebe oft nicht zugänglich und erfahrbar ist? Es ist meine Weise und die Weise unserer Gemeinschaft, vom gekreuzigten und auferstandenen Herrn Zeugnis abzulegen. Und ich möchte keine andere Weise der Verkündigung leben als diese, weil sie mein Weg und der meiner Gemeinschaft ist.

Wir fühlen uns mit unserem Dienst mitten in der Kirche beheimatet. Denn unser betender Dienst wird mit allen Konsequenzen, die sich für uns an dieser Stätte daraus ergeben, von der Ortskirche zutiefst verstanden und gefördert. Eine Atmosphäre des Vertrauens und des ständigen Dialogs gab und gibt uns die Möglichkeit, daß Neues wachsen kann auf dem Grund all dessen, was – orientiert an Christus und seiner Botschaft sowie am Geist unserer großen Reformatorin Teresa von Avila – zum Wesen unseres kontemplativen Dienstes gehört.

M. Gertrud Link OSB
TUTZINGER MISSIONSBENEDIKTINERINNEN

Ordensberuf kann man nicht »machen«

Geboren 1908. Heimat Aschaffenburg. Nach Abschluß der Lehrerausbildung beruflich tätig. 1933 Eintritt in die Kongregation der Missionsbenediktinerinnen von Tutzing. Im gleichen Jahr Aussendung nach Korea (Nord) ins dortige Noviziat. Später Einsatz im Religionsunterricht und anderen missionarischen Aktivitäten. 1945 vierzehntägige Flucht vor den einbrechenden Russen. 1948 als Priorin Übernahme der Verantwortung für die je 20 deutschen und koreanischen Schwestern in gefährdetster Situation. 1949 mit dem gesamten Missionspersonal Verhaftung durch die Kommunisten, Gefängnis, Verschleppung, Todesmarsch, Zwangsarbeit, Schweigelager bis zur Ausweisung und Heimkehr 1954. Rückkehr nach Südkorea 1956 zum Aufbau eines neuen Noviziates, dem bis heute etwa 170 koreanische Schwestern entwuchsen. 1967 Wahl zur Generalpriorin mit Sitz in Rom. Durch 9 Jahre zumeist auf Reisen zum Besuch der 1400 Schwestern, die in rund 95 Häusern auf 4 Erdteilen arbeiten. 1976 Wiederwahl für weitere 6 Jahre.

Wie ein Ruf, der lockte

Wenn ich den oben beschriebenen Lebenslauf überblicke, kommt es mir selbst fast unwahrscheinlich vor, daß das Leben des mit zwei Brüdern so lebhaft und fröhlich aufgewachsenen blonden Mädels, das ich war, diesen seltsamen Weg genommen hat. Schon damals, als mein sorgsam geheimgehaltener Klostereintritt ruchbar wurde, schüttelten alle meine Freunde den Kopf. Warum? Standen nicht alle Wege offen? Gewiß, aber da war dies immer stärker werdende innere Drängen, auf etwas zu hören, das wie ein Ruf lockte, zu einer ganz neuen Sicht mit anderen Perspektiven. Nicht daß mich das gefreut hätte von Anfang an! Nein, es brauchte einige Jahre, bis ich mir völlig nüchtern darüber Rechenschaft geben mußte, daß meine Wertskala sich geändert hatte. Nichts, so geliebt, schön und hoffnungsvoll es auch war, würde diese brennende Unruhe in mir stillen können, wenn ich mich nicht aufmachte und hinging, wohin Gott mich rief. Daß er es war, der mich berührt hatte, war mir klar, auch ohne äußere Beweise. Wohin er mich führen würde, wußte ich so wenig wie Abraham, als er auszog.

Es wurde – auch von der inneren Dimension abgesehen – ein weiter Weg. Er führte bis jetzt schon mehrmals um den Globus, und Asien ist Heimat so gut wie Europa. Äußere Ruhe und Abgeschiedenheit hinter Klostermauern, wie man sich das gewöhnlich vorstellt, hat Gott mir nie geschenkt. Aber daß bei ihm Ruhe und Geborgenheit, Freude und Erfüllung zu finden sind, wenn man sich ihm einfach überläßt, das hat er mir bewiesen in jeder noch so verzweifelten Situation meines Lebens.

Bei einem Besuch im Mutterhaus Tutzing, als ich den Wunsch ausdrückte einzutreten, fragte die Novizenmeisterin im Gespräch: »Wie stellen Sie sich das Ordensleben eigentlich vor?« Ich konnte aufrichtig nur antworten: »Überhaupt nicht. Ich weiß nur, daß ich kommen muß.« Sie fand, das sei eine gute Voraussetzung, und nahm mich an. Zwanzig Jahre später – so erinnere ich mich mit glasklarer Deutlichkeit – saß ich einmal, erschöpft und zerschlagen von der Schwerarbeit eines harten Tages, allein an einem Abhang unseres Gefangenenlagers in den Bergen Nordkoreas. Ich sah in die vergehende Abendröte. Es kam mir in den Sinn, daß niemand in der Welt wußte, wo wir waren, niemand wußte, daß einer nach dem anderen von unserer Gruppe wegstarb, und daß auch ich wohl bald so sterben würde, ohne daß meine Lieben es erführen und ohne daß ich meine Kraft verbraucht hätte, in sinnvollem Werk. Es überkam mich dort im sinkenden Abend eine bittere und schmerzende Schwermut. Wozu dies alles? Wie ein Film, aber rückwärts, lief die Vergangenheit vor mir ab und stoppte bei der Stunde, in der ich endgültig die Enscheidung gefällt hatte, diesen Weg zu gehen. Im Scheinwerferlicht stand die Frage vor mir: Und jetzt? Bedauerst du dein damaliges Ja, oder stehst du dazu? Ich konnte nicht anders als antworten: »Ja, Herr, ich stehe dazu, mag kommen, was will. Es gibt kein Glück für mich als dies, deinen Weg mit dir zu gehen.« Da kehrten Mut und tiefe Ruhe zurück. Ich konnte zu den anderen gehen, um ihnen tragen zu helfen.

Es geht um Gott

Was das meint: Berufung zum Ordensleben, erfährt wohl jeder anders. Auch wer schon auf diesem Weg geht, erkennt den Ruf immer wieder neu: zu überraschenden Wendungen. Es läßt sich schwer auf eine Formel bringen. Eines aber ist sicher: Es geht nur um Gott. Er ist der Wirkende. Christus ruft. Der Gerufene antwortet. Er folgt dem Ruf und kommt zu Gott, weil dies gerade sein eigener, unvertauschbarer Weg ist. Es wächst eine lebendige Beziehung zwischen Jesus und ihm: Beziehung des Rufens und Antwortens, des Wegweisens und Nachfolgens, des Liebens und Geliebtwerdens. In dieser Tiefendimension sind alle Ordensberufe gleich, so sehr sie sich auch im Ganzen der Kirche verschiedenartig darstellen. Gott ruft nur zu sich. Wohin sollte er auch rufen, da Er die Mitte ist? Von da aus sendet er dann seine Jünger aus, jedem seiner Eigenart gemäß und mit einem speziellen Auftrag. So sind sie alle in der Wurzel vereint, die Franziskaner und Jesuiten, die Trappisten und Kleinen Schwestern, die Missionsbenediktinerinnen und die ganze Schar der Orden und Kongregationen, von denen man sagt, daß »niemand sie zählen kann«. Sie haben ihren je eigenen Dienst in der Kirche. Kontemplation und Aktivität, Orden und Säkularinstitute, Erstverkündigung im Missionsauftrag, Aufbau der jungen Kirchen und Hilfe für die alten, Pastoral- oder Sozialarbeit, Kranken- und Lehrdienst. Das alles ist nötig und eingeplant in das Wachstum des Gottesreiches. Aber es kommt erst an zweiter Stelle.

Das Primäre jeder Berufung ist das, was sich in der Tiefe abspielt zwischen Gott und Mensch. Vielleicht haben wir diese Tatsache manchmal übersehen in unseren Noviziaten und bei der Formation der jungen Schwestern. Wir hatten Schulen und Krankenhäuser aufgebaut, seelsorgliche oder soziale Aufgaben übernommen, Missionsstationen gegründet und nahmen nun religiös gesinnte junge Leute in unsere Gemeinschaft auf, weil sie gute Fachkräfte zu werden versprachen. Mit unseren verschiedenen Aufgaben in Kirche und Welt wollen wir ja Christi dienende Liebe weiterschenken. Dazu braucht man Fachkräfte für jede Art von Arbeit. Aber eine Ordensfrau ist nie zuerst Fachkraft, sondern ein Mensch, der von Christus gerufen ist zur Liebe. Ihre Tätigkeit im Auftrag des Ordens kann nur Ausstrahlung dieser Liebe sein, die stark genug ist, alles anbrandende Menschenleid und -glück mitfühlend zu umfangen, ohne sich zu verlieren. Viele von denen, die unsere Gemeinschaften verlassen haben, taten es, weil sie mitten in ihren Arbeiten oder Studien entdeckten, daß sie das, was sie taten, ebensogut oder noch besser tun könnten ohne den »Klosterballast«. Von der Tätigkeit her gesehen konnten sie in manchen Fällen damit sogar recht haben. Vom Ordensleben her betrachtet wurde dabei aber aufgedeckt, daß sie keinen Boden unter den Füßen hatten, daß die persönliche Beziehung zu Jesus, dem Rufenden, nicht gefunden, ihre frühere Antwort nicht realisiert war. Es geht hier nicht um das Problem »Schuld«, sondern um die Tatsache, daß Ordensberufung nur fruchtbar gelebt und durchgetragen werden kann auf der Basis der steten Begegnung mit dem Herrn, einem sich ständig neu Zur-Verfügung-Stellen in bedingungsloser Übergabe. Ordensberuf kann man nicht »machen«, man kann ihn nur annehmen und in demütiger Freude leben. Dies vorausgesetzt möchte ich sagen: Das Ordensleben ist heute so gut und so nötig wie je.

Wo Leben ist, da ist Wandel

Aber die vielen Veränderungen, sagt man, stimmen die noch überein mit dem Grundkonzept der Orden? Veränderung, Wandlung ist überall da, wo Leben ist. Wie gut, wenn wir das endlich begreifen! Diese Einsicht sollte uns so selbstverständlich sein wie die Vorgänge der Natur. Auch der entzückteste Bewunderer des frühlingshaft schönen Apfelbaumes wird ihn nicht hindern wollen, die zarten weißrosa Blütenblätter abzuwerfen, um Äpfel zu tragen im Herbst.

Keine Ordensgemeinschaft kann in der gleichen Phase verharren, sei es auch die des reifen Sommers. »Früchte zu seiner Zeit« trägt der Baum, der den Wandel der Jahreszeiten mitmacht, gesund von der Wurzel her. Wenn wir den Sinn des Ordenslebens, Ruf und Gerufensein, Leben mit Christus, in den Blick nehmen, dann werden wir nicht so viel Kummer haben um aufzugebende Werke, mangelnde Berufe usw. Wir werden mehr darum besorgt sein, ob wir aus der Tiefe des Anrufes leben, und ob wir die Konsequenzen daraus ziehen – so, wie diese im Kleid unserer Zeit aussehen. Wenn wir in unseren Gemeinschaften versuchen, echt und ehrlich das Evangelium zu verwirklichen auf Wegen, die aus zeitlosen Weisungen der Ordensgründer aufscheinen, dann wird der große Rufer uns jeweils neu den zeitgemäßen Auftrag zuweisen und auch die Arbeiter dafür. Der sagte: »Komm!«, ist derselbe, der ermuntert: »Geh hin!« Die Tatsache, daß einzelne Ordensgemeinschaften vergehen, spricht nicht gegen sie. Sie hatten einen Auftrag und haben ihn erfüllt. Blumen kommen und gehen. Formen entstehen und verschwinden. Der Ruf aber wird bleiben. Wir sollten das glauben, um ruhig zu sein, um glaubhaft zu werden und Frieden zu verschenken.

Attraktiv?

Man hört auch, die Orden müßten sich attraktiver machen für die heutige Jugend. Wenn das Propaganda meint, die mit Versprechen äußerer Dinge wie Ausbildung, lockende Arbeitseinsätze, Freiheit des Lebenstils etc. arbeitet, dann scheint mir das eher Verführung zu sein als Führung. Solche Angebote stammen aus dem Unglauben, verkehren die Ordnung der Werte und verschütten echte Berufung. Gnade wird nicht auf solche Weise manipuliert, sondern frei und oft unvermutet von Gott geschenkt. Was wir anzubieten haben, kann nichts anderes sein als der bescheidene Versuch, der Ungunst eigener menschlicher Begrenzung und äußeren Gegenströmungen zum Trotz, dennoch dem Ruf zu folgen in derSchlichtheit und mit dem Frohsinn des Evangeliums – gleichzeitig gehend im Rhythmus unserer Zeit und die Wurzeln tiefer treibend in den zeitlosen Grund. Ob der Herr das attraktiv macht, überlassen wir besser ihm.

Das ist alles. Es mag dem gering erscheinen, der uns nur von außen ansieht. Aber es schließt alles an Glück und Lebenserfüllung ein für den, der sich gerufen weiß und Ja sagt.

Peter Lippert CSSR
KÖLNER PROVINZ DER REDEMPTORISTEN

Mein Ordensleben – Skizzenstriche zu einer Bestandsaufnahme

Am 21. November 1930 bin ich in Prag geboren. Ich gehöre zu jener Menschengruppe und Sprachgruppe, die in Bayern als Preußen gelten, in »Preußen« dem Balkan zugeordnet werden – immerhin teile ich dieses Schicksal mit meinen Landsleuten wie Rilke, Kafka, Werfel, die auch »Prager Deutsche« waren ...

Abitur in München 1950. Lehre und Tätigkeit als Bankkaufmann bis Frühjahr 1955 in Gelsenkirchen und Düsseldorf. Dann Eintritt in das Noviziat der Kölner Provinz der Redemptoristen. Erste Profeß 1956, Priesterweihe 1961. Weiterstudium an der Accademia Alfonsiana, Rom. Dort Promotion 1966. Dozent für Moral- und Pastoraltheologie an unserem Ordensseminar in Hennef/Sieg und, seit 1970, an der Accademia Alfonsiana, Rom.

Meine Haupttätigkeit, das Lehren, zieht diejenigen »Neben«-Tätigkeiten nach sich, die sich dem Dozieren oft zugesellen: Vorträge, Exerzitienkurse, Buch- und Zeitschriftenveröffentlichungen, daneben die Dienste des Nahbereichs: Beichthören, Sonntagsaushilfen, Predigen, Bildungsabende in Pfarrgemeinden. Zwei Reisen zur theologischen bzw. geistlichen Weiterbildung von Missionarsgruppen führten nach Indonesien (1974) und Obervolta (1976). Sitzungen von Gremien innerhalb meiner Ordensprovinz und auch außerhalb (Berater der Gemeinsamen Synode, Sachkommission I) runden das Bild ab.

Ordensleben – »Grundkonzeption Jesu« – Wie heute?

Mein Orden ist eindeutig apostolisch gemeint, gegründet und ausgerichtet. Das war für mich von Anfang an entscheidend. Ordensleben ist für mich der gemeinsame Anruf, der vom Herrn an mehrere Menschen zugleich ergeht, den diese gemeinsam hören und zu leben versuchen. Was daraus sonst noch folgt: Ehelosigkeit, Gütergemeinschaft, Einordnung und »disponibilité«, steht für mich in diesem Zusammenhang. Ich sehe diese Räte nicht als das Instrument, als welches sie klassischerweise galten – Wege zur »Selbstheiligung«, weil *dieses* Ziel, wenigstens nach der theologischen Intuition der Zeit vor dem Konzil (Rahner, Congar, Chénu u.a.) und nach den Aussagen des Konzils, auch »anders« erreichbar ist (Berufung aller Christen zur Heiligkeit, paulinische Briefanreden an die »berufenen Heiligen« z.B. in Korinth, die bekanntlich pastorale Problemkinder waren). Räte, Gelübde und Profeß waren und sind für mich *das* Mittel, den ergehenden Anruf zur apostolischen Verfügbarkeit in Gemeinschaft hören und leben zu können: ungeteilten, wenigstens so viel als möglich ungeteilten Dienst zu leben. Hierin verwirklicht sich eine Grundkonzeption Jesu als des Dienenden; dessen, der die Sendung Gottes in die Welt und die Zuwendung zu den Menschen schlechthin ist. Manche mögen solche Sicht funktional und zu wenig fromm nennen - ich bezweifle, ob sie dann Jesu Sendung-Sein ernst genug nehmen. Alles andere, was man dem Ordensleben mit mehr oder weniger Recht ansinnt, wie zum Beispiel Protestgruppe (so jüngst wieder J.B. Metz) oder Zeichen zu sein (K. Rahner u. a.), ergibt sich meines Erachtens erst als Folge und wird von mir nur indirekt angestrebt.

Wichtig ist einfach dies: Gemeinsam und in Freiheit verkünden, mit den Menschen sprechen, mit ihnen die Geheimnisse feiern. Formen der »außergewöhnlichen Seelsorge«, wie sie in meinem Orden, in meiner Ordensprovinz gepflegt werden, scheinen mir (bei aller Notwendigkeit, sie immer wieder zu prüfen, zu korrigieren) sehr sinnvoll: die Gemeindemission (früher »Volksmission«), Beicht- und Gesprächsseelsorge, Exerzitientätigkeit, Zielgruppenarbeit zum Gemeindeaufbau. Als Lehrer der Theologie wirkte ich hier indirekt mit. Das geht manchmal mit Schwierigkeiten einher, aber was soll's? Ich habe über Einzelfragen oft und immer wieder nachgedacht, diskutiert, umgelernt. Ob mein Leben nicht vielleicht doch sinnlos verbracht worden sein könnte, diesen Gedanken habe ich, auch in allen Durststrecken, die es immer wieder gab, nie gehabt.

Ordensleben – Chance bei der Jugend?

Da müßte man fragen, welche Jugend ist gemeint? Je nachdem haben bestimmte Sichten von Ordensleben ihre Chancen. Bei der dropping-out-Jugend und den Hippies mögen sich Orden als religiöse Protestkommunen präsentieren, vielleicht auch noch mit einem Hinschielen auf die häufige Abneigung gegen die Großkirche. Solche »Chancen« freuen mich nicht, denn ich teile ihre Voraussetzungen nicht. Bei einer konformistischen Jugend eines fundamentalen Hedonismus, ohne Lust, sich belasten zu lassen oder sich zu engagieren, mögen aufgeweichte Ordensgemeinschaften mit ihren »nachkonziliaren Lockerungen« sich als »modernisiert« präsentieren – wer daraufhin käme, über den wäre ich ebenfalls wenig froh.

Wenn es junge Leute gibt, die sich seelsorglich einsetzen möchten, weil es ihnen um Menschen geht; weil diese Menschen Christus brauchen; weil es darum Menschen geben muß, die ihnen diesen Christus bringen, dann sollten die zu uns kommen. Ich würde ihnen sagen: Macht euch klar, es wird nicht leicht sein; es wird Enttäuschungen geben; aber ein erfülltes Leben kann es für euch sein. Kommt und helft uns, und findet euch dabei selbst. Ich hoffe, daß es zwischen den Hippies, den Bequemen und den Konsumenten und den ewig Unentschiedenen ein paar von der beschriebenen Sorte gibt. Die sind übrigens vielleicht nicht »besser«, und ich will (darf vom Evangelium her) nicht abqualifizieren. Aber brauchbar für uns wären sie. Und darum hoffe ich, daß sie kommen; wir haben ein sehr kleines, aber eben doch: ein Noviziat. Ein paar Anmeldungen liegen vor.

Und die größeren Zusammenhänge?

Der große Zusammenhang für mich ist der Mensch, sind die Menschen. Um sie geht es der Kirche, um sie geht es dem Gott der Bibel, dem Gott Jesu Christi. Also darf es auch mir darum gehen: Denen, »die wie Schafe ohne Hirt sind«, den Suchenden, Enttäuschten, Verzagten, den Glückssuchern. Und denen, die Fehler gemacht haben und einen neuen Anfang suchen (also, ob sie es wissen oder nicht, Jesus und seine Ermutigung suchen und brauchen). Meinem Orden muß es darum gehen, der Kirche, mir. Dabei interessiert es mich leidenschaftlich, ob solche Menschen tiefer zu Christus kommen, wieder zu ihm kommen.

Damit verbindet sich für mich das Ja zur konkreten Kirche.

Wo anders wird Christus – der überall gnädig Verborgene – denn sichtbar, so daß man von ihm, zu ihm reden, beten und schreien kann, so daß man ihn feiern kann, als in der Kirche? Aber seit den Erfahrungen, die ich mit siebzehn Jahren machte, als ich bayerische Traditionskirche der endvierziger Jahre erlebte, geht es mir um Reform, um Erneuerung, um eine »moderne« Kirche. Treue zum Heute, Treue zur Kirche (samt ihrer Tradition), das ist immer wieder zu vermitteln, die Spannung ist auszuleiden, aber es darf nicht resigniert werden. Dabei sollten die Orden den Menschen, der Kirche dadurch dienen, daß sie ihren Freiraum (Exemtion) nutzen: um Neuentdeckungen zu machen, um Probiergruppen zu sein für geistliches, theologisches, liturgisches, pastorales Ausgreifen. Ob man das »oben« gern sähe, ob es genug geschieht? Kirche, Welt, Heute, das hängt ineinander.

Darum aber auch hat Ordensleben für mich nicht primär Trennung von den Menschen zu sein, sondern Präsenz, hat, bei aller wesentlichen Unterscheidung, die Solidarität zu leben, zu bezeugen und auszudrücken (hier ist für mich der Hintergrund der Frage nach Ordenstrachten und anderen Abschirmungen). Mit anderen – Laien, Diözesanpriestern – bin ich Christ, dies freilich als Ordenschrist. Aber an ihren Prüfungssituationen nehme ich nicht nur notgedrungen teil, sondern habe ich teilzunehmen: an der Suche nach Identität, dem Verarbeiten von Erfahrungen wie der launischen, wechselnden und brisanten Mischung von (sichtbarem, scheinbarem) Erfolg und Mißerfolg, an dem Wunsch nach Anerkennung, der durchgehaltenen Einsamkeit, dem Gelingen und Mißlingen von mitmenschlichen Beziehungen, an der Verbindung von Beglückung durch menschliche Begegnungen und der Begegnung und Erfahrung mit Gott.

Was macht mir Mut?

Die zeitgemäße Erneuerung nach dem Konzil fand nur zum Teil statt: Vieles Hinreißende gelang. Manches blieb stecken, anderes war Versandung statt Erneuerung. Gerade in dieser Zeit – zehn Jahre vor, zehn Jahre nach Konzilsschluß – erlebe, lebe ich Orden. Mir macht Mut, daß es für mein Leben zwanzig Jahre lang »geklappt« hat, daß ich nicht *mehr* als andere, »durchschnittliche« Menschen verbogen, schrullig und unleidlich geworden zu sein scheine. Ich habe also erfahren: Ordensleben »geht«. Und oft, auch unvermutet, bringt es Augenblicke tiefer Erfüllung. Mir macht Mut, daß ich Weggefährten habe, die meinen Weg seit zwanzig Jahren mitgehen und mit denen ich mich in einer echten Gemeinsamkeit weiß. Mir macht Mut, daß es andere Ordensleute anderer Ordensgemeinschaften gibt, die offensichtlich die gleichen Erfahrungen machen, ob irgendwo im Busch Indonesiens oder in unseren vor Dynamik berstenden modernen Städten. Diese anderen geben mir Mut, und vielleicht kann auch ich gelegentlich jemandem etwas von meinem Mut mitteilen. Im übrigen ist dieser »Mut« keine Leistung, sondern ein Rätsel. Angesichts vieler deprimierender Tatbestände im Ordensleben, angesichts mancher Resignation ist es ein wenig jene glückliche Einstellung dessen, der sein halbes Glas eben noch als »halb voll« und nicht als »halb leer« bezeichnet und erlebt. Das Ermutigende spricht mehr zu mir als die Schattenseiten. Und so versuche ich, auch anderen »Mut zu machen«. Ganz gelegentlich frage ich mich, ob das noch zu verantworten ist. Doch ich weiß, die Antwort lautet: Ja.

Um es zusammenzufassen: Ich erlebe meine Zuversicht als etwas, das zwar in Fakten gründet, aber aus ihnen nicht einfach ableitbar ist, das – ein Geschenk ist. Als ich mich vor meinem Klostereintritt bei meinen Arbeitskollegen im Büro verabschiedete, fragte mich ein recht gutherziger, ein wenig »bürgerlicher«, doch keineswegs antikirchlicher Kollege: »Gefällt dir denn die Welt nicht mehr, weil du ins Kloster gehst?« Ich weiß nicht, was ich damals gesagt habe, doch würde ich rückblickend antworten: Gerade aus Liebe zur Welt lohnt der Schritt – für die Menschen, zu denen uns der Herr schickt. Wir werden nämlich gebraucht.

Josef Nentwig CFA
ALEXIANER-BRÜDER-GEMEINSCHAFT

Christusnachfolge im Dienst an Menschen

Mein Geburtsort liegt im schlesischen Glatzer Bergland. Ich erblickte dort am 5. März 1938 das Licht der Welt. Mit vier jüngeren Geschwistern verlebte ich eine schöne Jugendzeit, die von meinem Vater, der Postbeamter war, im Geiste von Eintracht und Friedfertigkeit, von meiner Mutter in christlicher Frömmigkeit geprägt war. 1946 mußten wir unsere geliebte Heimat verlassen. Nienburg an der Weser wurde mein neues Zuhause. Nach dem Abschluß der Volksschulzeit erlernte ich den Gärtnerberuf und wurde 1956 Geselle. In Esslingen am Neckar nahm ich eine Stelle in einer Landschaftsgärtnerei an, die mir Freude machte.

Es drängte mich jedoch, intensiver am Aufbau des Reiches Christi auf Erden mitzuwirken. In der Stille des Gebetes im Gotteshaus kam mir der Gedanke, Ordensbruder zu werden, um dieses Ziel zu verwirklichen. So trat ich im Januar 1957 als Postulant in die Gemeinschaft der Alexianerbrüder in Aachen ein. Die Alexianer dienen den geistig erkrankten Menschen, die heute noch vielfach scheel angesehen werden. Christus liebt auch diese armen Menschen. Ihnen zu helfen, ist meine jetzige Aufgabe.

Es braucht schon ein spezifisches Wissen, um diesen Kranken die rechte Behandlung zuteil werden zu lassen. Ein dreijähriger Krankenpflegelehrgang an unserer eigenen Krankenpflegeschule führte zur staatlichen Abschlußprüfung. Meine Ordensoberen gaben mir die Einwilligung, an einem Massagekurs im Landesbad Aachen teilzunehmen, denn manche der psychiatrischen Kranken leiden auch an Krankheiten des Körpers und benötigen Heilbäder und Massagen. So tat sich mir ein weiteres Betätigungsfeld auf. Die geistigen Interessen sollten indessen nicht zu kurz kommen. Die Brüderorden und -kongregationen haben ein gemeinsames Institut in Köln, das »Apostelstift«, zur Förderung und Vertiefung der im eigenen Ordenshaus erhaltenen Grundausbildung im geistlichen Leben. Ich beteiligte mich dort an einem Kurs zur Erlangung der »Missio Canonica«. Dies alles zusammen gab mir das Fundament meines Wirkens bei den Kranken, um diesen in leiblichen und geistigen Nöten Helfer und Berater sein zu können.

Zu meiner Aufgabe gehört jetzt auch die Untrrichtung von jungen Leuten, die in unserer Schule für Krankenpflegerhelfer einen Einjahreskurs belegt haben. Diese Sparte im Krankenpflegedienst ist seit einigen Jahren neu eingeführt und schließt auch mit einer staatlichen Prüfung ab. Durch meine Ordensprofeß habe ich mich eingereiht in die Schar der Männer und der Gemeinschaft, deren Vorfahren sich schon der Ausübung der Werke der Barmherzigkeit verschrieben haben.

Aus unserer Geschichte

In kurzen Zügen möchte ich aus der Geschichte der Alexianerbrüder berichten, um meinen persönlichen geistigen Ort ein wenig zu verdeutlichen. Die Alexianer gingen aus der Bewegung der Begarden zu Beginn des 13. Jahrhunderts hervor, deren eine Richtung vom wallonischen Belgien ihren Ausgang nahm. Urkundlich im Stadtarchiv der alten Kaiserstadt erwähnt, waren die Begarden im Jahre 1391, zur Zeit der schon damals bekannten »Heiligtumsfahrt«, in Aachen zuhause. Noch heute ist das Wort »Begaade« im Aachener Volksmund geläufig. Die Bezeichnung »Alexianer« geht auf den Pilger und Bettler Alexius zurück. Sohn eines römischen Senators, der nach 17jähriger Pilgerschaft unerkannt ins Vaterhaus zurückkehrte, dort viele Jahre, von der Dienerschaft verspottet, in Armut und Erniedrigung lebte und im Jahre 417 starb. Um die Mitte des 14. Jahrhunderts war seine Verehrung weit verbreitet. Die Begarden erwählten ihn zu ihrem Namenspatron. Ein beispielhaftes Zeichen echter Nächstenliebe gaben die alten Begarden im Jahre 1349, als die Pest im belgischen Land und am Niederrhein wütete und zahllose Menschen ihr zum Opfer fielen. Unerschrocken pflegten diese Männer die von der Seuche Befallenen, trösteten die Sterbenden und begruben die Toten. Die Bestattung der Verstorbenen haben die Brüder unserer Gemeinschaft noch bis ins erste Drittel dieses Jahrhunderts fortgesetzt.

Lange Zeit war die Pflege der Kranken für die Brüder nur auf das Aachener Haus und die ambulante Versorgung der Bewohner der Stadt beschränkt. Um die Mitte des 19. Jahrhunderts breitete sich die Brüder-Gemeinschaft zunächst in Deutschland weiter aus, setzte wenig später ihren Fuß in die Vereinigten Staaten, verzweigte sich nach England und Irland, nach Belgien und in die Schweiz. So spannt sich heute der Bogen der Christusnachfolge im Dienst an den Kranken von der alten zur neuen Welt.

Die Pflege der Geisteskranken war im Aachener Haus ein uraltes Privileg. Heute gehört zur Hauptaufgabe der Alexianerbrüder in Deutschland und Belgien: die Versorgung und Behandlung der Schwachsinnigen, der Anfallskranken (Epileptiker), der manisch-depressiven Patienten und solcher, die an einer Schizophrenie (Spaltungsirresein) leiden. Auch Suchtkranke, vor allem Alkoholiker, die sich einer Entziehungskur unterziehen wollen und sich wieder in ein geordnetes Leben in ihrem Beruf und ihrer Familie einfügen möchten, gehören zu unseren Kranken.

War es in früheren Zeiten eine mehr bewahrende Fürsorge, die den Kranken zuteil wurde, so hat sich dies im Laufe der letzten Jahrzehnte durch die Fortschritte der Medizin deutlich gewandelt. Es kommt zu spürbaren Besserungen des Gesundheitszustandes. Psychologen und Therapeuten unterstützen die medikamentöse Behandlung. Zur Zeit wird an einem Haus im Münsterland mit dem Bau eines sozialtherapeutischen Zentrums begonnen. Möglichkeiten für Spiel und Sport werden dann ebenso gegeben sein wie für festliche Veranstaltungen und Treffen mit Gruppen von Kranken des benachbarten Landes-Krankenhauses. Andere Häuser verfügen über Schwimmbad-Halle, Kegelbahn und Tischtennisräume. All dieses fördert die Behandlung der Kranken und dient auch den Brüdern in der Freizeit zur Erholung und Entspannung.

Ein Zug zum sozialen Einsatz ist heute bei nicht wenigen Jugentlichen unverkennbar. Eine breite Palette des Engagements als Ordenschrist bietet der Dienst an den Kranken. Doch die Berufung zum Ordensleben ist ein Geschenk Gottes, das erbetet und in einem hochherzigen Entschluß angenommen sein will. Das Leben im Kloster ist heute nicht mehr durch hohe Mauern abgeschirmt. Die Massenmedien reichen hinein in die Häuser der Mönche und Nonnen und in die von ihnen geführten Krankenhäuser und Heime. Hier gilt es für uns Ordensbrüder, diese Kontakte mit der Welt in der rechten Weise wahrzunehmen – von der Möglichkeit des »Abschaltens« Gebrauch zu machen –, um den Kontakt zu Christus nicht zu verlieren. Eine Verbindung mit Christus eröffnet sich insbesondere im kirchlichen Stundengebet. Wir beten es gemeinsam in unserer Klosterkirche zu verschiedenen Zeiten des Tages. In der Frühe versammeln wir uns dort zur Feier der heiligen Eucharistie. Die Vereinigung mit Christus in der Opferspeise gibt die Kraft, das Tagewerk zu vollbringen.

Von unserem Oberen, dem Hausrektor, ist jedem Bruder, je nach seiner Ausbildung und Befähigung, eine bestimmte Funktion zugewiesen: Einige Brüder sind auf den Krankenstationen tätig, andere in der Buchhaltung, die neuerdings auf elektrische Datenverarbeitung umgestellt wird, wieder andere sind mit Labor und Apotheke, Beschäftigungstherapie und anderen Verrichtungen befaßt, sei es in der Kochküche oder in der Waschküche, im Maschinenhaus und in den Werkstätten; dies geschieht meist in Zusammenarbeit mit weltlichen Mitarbeitern, da die eigenen Ordenskräfte dazu nicht ausreichen.

Augustinische Regel aktuell

Unser Leben richtet sich nach der Ordensregel des heiligen Augustinus, wie dies bei vielen anderen Ordensgemeinschaften der Fall ist. Einer der Kernsätze dieser Regel ist der Hinweis auf das hohe Ziel der Gottes- und Nächstenliebe; das heißt für uns Brüder: in Eintracht im Hause des Herrn zu leben, ein Herz und eine Seele in Christus zu sein und dem Nächsten zu dienen. Die Satzungen unserer Gemeinschaft wurden nach dem Zweiten Vatikanischen Konzil überarbeitet. Im vorletzten Generalkapitel, das einen »Lebensweg für die Alexianerbrüder« verfaßte, wurde in vielen Abschnitten Bezug genommen auf die Konstitutionen über die heilige Liturgie und die Kirche sowie über die Erneuerung des Ordenslebens, vor allem auf die Heilige Schrift, das Evangelium. Vor diesem Generalkapitel hatten wir alle Gelegenheit, unsere Anliegen zu äußern, Vorschläge für Verbesserungen zu machen, die das Gemeinschaftsleben angehen, und Empfehlungen zu geben für unsere Tätigkeit bei den Kranken. Diesem Zweck dienen auch die Hearings, die sogenannten Hauskapitel in den Gemeinschaften jedes Hauses, die in gewissen Zeitabschnitten allen Brüdern Gesprächsmöglichkeit bieten über die Probleme von aktueller Bedeutung, um gemeinsam nach Lösungen zu suchen.

Wir haben Kontakte zu den Menschen in der Welt, nicht allein zu den Angehörigen unserer Kranken oder den Mitarbeitern unseres Hauses. So werden beispielsweise Ausstellungen von Erzeugnissen aus der Beschäftigungstherapie veranstaltet. Die Besucher bekommen dabei Gelegenheit, die Einrichtungen des Krankenhauses zu sehen; es gibt manche Fragen zu beantworten, die von großem Interesse und Informationsbedürfnis zeugen, auch hinsichtlich Aufgaben der Ordensbrüder. Bei besonderen Anlässen, wie Jubiläen von Brüdern, an Festgottesdiensten zu Weihnachten, beim »Ewigen Gebet«, sind die Gläubigen eingeladen, in Gemeinschaft mit den Brüdern Gott das Opfer des Lobes und des Dankes darzubringen. Gruppen von draußen, auch junge Menschen, sorgen durch musikalische Veranstaltungen und Gespräche für Unterhaltung und Freude. Wir selber fahren mit unseren Kranken im Sommer zu Tagesausflügen in die Natur oder zu einem Ferienaufenthalt in die Eifel oder in das Sauerland. Für die Brüder selbst gibt es einen dreiwöchigen Urlaub zu den Eltern und Geschwistern oder in ein anderes Haus unserer Gemeinschaft, auch ins Ausland. So durfte ich unsere Mitbrüder in London besuchen und konnte manches Wissenswerte über die Lebensweise und die Arbeit erfahren, wie sie bei den Brüdern dort üblich ist. Einige Alexianer-Brüder dieser Provinz sind in Nigeria stationiert, die dort seit mehreren Jahren ihr Missionswerk in der Gesundheitsfürsorge unter den Eingeborenen von Kafin-Koro praktizieren.

Vor einigen Jahren ist in Limerik/Irland ein Obdachlosenasyl errichtet worden für nichtseßhafte Menschen, die vorübergehend Verpflegung und ein warmes Nachtlager suchen. Bei den Brüdern dieser Provinz ist es erfreulich festzustellen, daß mehr junge Menschen als in unserem Land sich bereit finden, als Ordenschristen anderen Menschen zu helfen und ihnen einen Weg zu Christus zu weisen. Auch unsere Brüder in den USA erfreuen sich guter Nachwuchskräfte. Das gibt Mut und Vertrauen in die Zukunft.

Winthir Rauch OFM

BAYERISCHE PROVINZ DER FRANZISKANER

Kultur des Nichtbesitzens und des Nichtfesthaltens

Einige Daten: Franziskaner, Dr.theol., Lektor für Fundamentaltheologie an der Ordenshochschule St.Anna in München (gegenwärtig leider nur teilweise in Betrieb), als Peritus auf drei Generalkapiteln des Ordens; zur Zeit Sekretär der Bayerischen Provinz, Redakteur der Provinzzeitschrift, Gesprächsseelsorger, Schwesternbeichtvater, an Wochenenden Aushilfspriester; humanistisch gesäugt und erstmals franziskanisch imprägniert während der Hitlerzeit; sechs Jahre als Infanterist im Zweiten Weltkrieg darauf trainiert, geistig und leiblich zu überleben.

Ich gehöre zu denen, die erstaunt sind, wenn sie einen Ordensmann oder eine Ordensfrau sehen. Ich habe auch das Erstaunen über die eigene Wahl noch keineswegs überwunden; ich habe mich an meine Ordenszugehörigkeit immer noch nicht gewöhnt; ich bin kein selbstverständlicher Ordensmann.

Ein Mensch der Bergpredigt

Die Begegnung mit Franziskus von Assisi bedeutet für mich – und wohl für jeden Franziskaner – einen eigentümlichen Schock. Weniger deshalb, weil ich an seine Leistung in keiner Weise herankomme, sondern weil ich in ihm mit einem Menschen der Bergpredigt konfrontiert werde. Je älter ich werde, desto klarer wird mir, daß sich das Ordensleben nirgends anders als in den Paradoxien der Bergpredigt vollendet. Theoretisch habe ich das schon hundertmal gepredigt, doziert und geplappert. Die Praxis ist nach wie vor umwerfend. Dieser unverschämte Widerspruch zu unserem modernen Lebensgefühl gibt mir die Sicherheit, daß man um die Zukunft des Franziskanertums nicht zu bangen braucht.

Orden: ein umgänglicher Versuch

Mehr oder weniger schüchtern regt sich in jedem Menschen

die Ahnung einer inneren Kultur, deren Ziel nicht die Sicherheit und Sicherung, sondern der Nichtbesitz und das Nichtfesthalten ist, die also etwas von Gnade an sich hat. Wenn ich die Idee unseres Ordens recht verstehe, dann sollte er den Raum bieten, in dem diese Kultur gelernt und gelebt werden kann. Allerdings, eine auf Dauer organisierte Gemeinschaft ist dafür nur eine unumgängliche Verlegenheitslösung, schon deshalb, weil es da eben vieles zu sichern gibt: die Wirtschaft und die Finanzen für heute und morgen, natürlich; die überlieferte Ordnung gegen menschliche Schwäche. Und weil man schon dabei ist, sichert man sich durch korrekte geistliche Leistung auch gegen die bedrohliche Freiheit Gottes ab. Trotzdem, irgendwie geht es mit dem franziskanischen Großorden wie mit dem Sieb, mit dem eine allmächtige Oberin die selige Kreszentia von Kaufbeuren Wasser holen ließ. Es bleibt tatsächlich etwas von der Quelle darin. Es bleibt soviel lebendiges Wasser, daß die Dämme unserer gewohnten und gepflegten Lebensformen immer wieder bedroht sind vom wilden franziskanischen Anfang. Ich bin nicht gerade tief ergriffen, wenn in Reden und Artikeln über den Ordensstand ganze Salven von Radikalitäten abgefeuert werden; aber es ist mir und meinen Brüdern klar, daß unser Orden niemals im gesamten etabliert sein darf, sondern daß die nötigen festen Strukturen nur die Basis für partisanenähnliche Gruppen sein sollten.

Außerhalb der menschlichen Gesellschaft

Orden gibt es in jeder höher entwickelten menschlichen Gesellschaft, weil in jedem Mann ein Stück Ordensmann und in jeder Frau ein Stück Ordensfrau steckt. Man dürfte diese Komponente weder bei einer wahrhaft humanen Erziehung unserer Jugend noch bei der geistigen Betreuung des älteren Menschen übersehen. Ich fühle mich deshalb als Ordensmann keineswegs außerhalb der menschlichen Geselllchaft stehend. Aber ich bin dieser Gesellschaft, wie soll ich sagen: entfremdet? nicht angepaßt? Auch wenn ich in Zivil durch die Münchner Fußgängerzone gehe – ich gehöre nicht dazu. Auch wenn ich daheim das Radio andrehe – ich kann mir kein bürgerliches Zuhause erkaufen. Im Normalen fühle ich mich nicht wohl. Und im Extremen? Ich frage mich, ob ich ein kluger Mann bin wie der König im Evangelium, der die Stärke seines Heeres richtig einschätzt und sich nicht übernimmt – oder ob ich feige bin, meine äußersten Grenzen zu erproben.

Den »Gott im andern« erspüren

Es sind die vielen unbeantworteten Fragen und die undurchsichtigen Gotteserfahrungen, die mich auf den Boden der »Kleinen« stellen. Die Großen, Heiligmäßigen bewundere ich, oder auch nicht; den Gott der Kleinen verstehe ich besser. Aber ob so oder so: Eine der kostbarsten Gaben eines Menschen im Orden wäre das Gespür für den »Gott im anderen«, für die unüblichen und unglaublichen Formen der Gottesberührung, für die religiöse Potenz im Menschen. Ein Orden ist eine Gemeinschaft, welche die religiöse Potenz eines Menschen, einer Stadt, einer Generation bewegt – eine Formel und zugleich eine Gewissensfrage für uns. Aus vielen negativen Erfahrungen weiß ich, daß dies jene Selbstlosigkeit voraussetzt, die gleicherweise von Menschenfurcht wie von naiver Selbstsicherheit befreit.

Enklaven des Schweigens

Offiziell wird unsere Gottesbegegnung im gemeinsamen Gebet zum Ausdruck gebracht. Die notwendige Stilisierung bringt es mit sich, daß dabei – namentlich in einem Teil der Psalmen und in nicht wenigen kunstgewerblichen Gebetsformulierungen – ein mir fremder Gott angesprochen wird. Aber vielleicht ist die Unzulänglichkeit der gesprochenen Worte nicht nur unvermeidbar, sondern auch notwendig: als ein immer wieder begangener Weg ins schweigende Gebet, in dem sich Lob und Dank, Bitte und Frage schließlich auflösen. Nicht nur die beschaulichen, sondern auch die tätigen Orden sind im Grunde Enklaven des Schweigens. Sie sollten sich den Mut zum Schweigen bewahren – geistlichen Wortmüll haben wir genug. Schweigend vollzieht sich in meinem Leben ein Prozeß, den ich selbst nicht durchschaue: die Menschwerdung. Ich kann nur feststellen, daß auf unerwarteten und erstaunlichen Wegen das Schicksal Jesu in mein Leben eindringt. Ich bin darüber nicht begeistert; aber ich bin davon erfaßt und gehalten. Und ich weiß, zusammen mit allen meinen Brüdern und Schwestern, daß die Sache des Ordens mich genau darauf zuführt.

Lukas Ruegenberg OSB
BENEDIKTINER DER ABTEI MARIA-LAACH

Benediktiner in der Welt

In Berlin 1928 geboren, verbrachte ich im Elternhaus mit meinen Schwestern eine unbeschwerte Kindheit. In den Kriegsjahren wurden wir durch Einberufung und Evakuierung auseinandergerissen. Im letzten Kriegsjahr beendete ich mit dem Einjährigen die Oberrealschule und ging nach meiner Entlassung aus amerikanischer Kriegsgefangenschaft, meiner Neigung entsprechend, auf die Berliner Kunstakademie. Eine schwere Krankheit und nachwirkende Kriegserlebnisse ließen mich tiefer und grundsätzlicher über den Sinn des Lebens nachdenken. 1951 trat ich in das Kloster Maria Laach ein und legte dort 1956 die feierlichen Gelübde ab. In den Jahren 1958–1962 folgte ein zweites Studium für Malerei im kirchlichen Raum an der Kunstakademie in München. Von 1963–1969 arbeitete ich an Aufträgen für Glasfenster im Kirchenraum. 1965 begann meine Tätigkeit in einer Kölner Obdachlosensiedlung.

Im Sommer 1965 gehen einige Mitbrüder im Auftrag der Abtei Maria Laach nach Köln, um den Menschen in den Randgebieten dieser Großstadt zu begegnen und ihnen zu helfen. Bei der Tätigkeit in der Stadtranderholung für Kinder lernen wir über diese Kinder die Obdachlosensiedlung »Am Springborn« kennen. Ich bin von den Problemen dieser mir bisher unbekannten Lebensweise betroffen und bitte meinen Vater Abt, mich mehr um diese Menschen kümmern zu dürfen. Zu dritt gehen wir in zwei Obdachlosensiedlungen. Wir versuchen, durch regelmäßige Besuche in den Familien und durch kleine Aktivitäten mit den Bewohnern Kontakt zu bekommen und ihr Vertrauen zu gewinnen. 1969 gebe ich meine künstlerische Tätigkeit auf, gehe hauptamtlich in die Odachlosenarbeit für Erwachsene und wohne in der Siedlung. Nach dem Umbau der Obdachlosensiedlung »Am Springborn« wechsele ich 1972 über zur Jugendarbeit in Köln »Am Bilderstöckchen«. Im Jugendclub »Lucky's Haus« bin ich bis heute als Leiter dieser Einrichtung tätig.

Aus der Kraft der Gemeinschaft

Unser Kloster hat sich in den Jahren nach 1960 mehr als bisher dem Anruf der Not unserer Zeit geöffnet und praktisch zu helfen versucht. In verschiedenen Bereichen wurde das sichtbar: Der Gastflügel des Klosters wurde für eine größere Zahl von Gästen zugänglich gemacht; es wurden »Tage im Kloster« angeboten, die einen engeren Kontakt mit der Kommunität möglich machen; einzelne Mitbrüder fanden sich abwechselnd zum Sonntagsdienst in einem benachbarten Krankenhaus und zu Aktivitäten im Dienst der Lepra-Hilfe. So haben wir uns in doppelter Weise für die geistige und leibliche Not der Menschen geöffnet: Wir tun ihnen unser Haus auf für Tage der Ruhe, Sammlung und Besinnung; wir gehen aber auch zu denen, die nicht zu uns kommen können.

Eine solche Außenarbeit mag den gewohnten Rahmen benediktinischer Tätigkeit überschreiten – wie er wenigstens weithin verstanden wird. Wir meinen aber, daß wir uns nicht unter Berufung auf Traditionen einem Ruf verschließen dürfen, der unser Christsein angeht und sich nicht nur an einzelne richtet (die dann eben einen anderen Weg suchen könnten als den benediktinischen), sondern an die ganze Gemeinschaft, aus deren Mitte und Geborgenheit heraus und in deren Sendung und Auftrag der einzelne Rückhalt und Hilfe findet. Ich kann jedenfalls für mich sagen, daß mir die Gemeinschaft der Brüder, in der ich trotz längerer Abwesenheiten ganz selbstverständlich zu Hause bin, ebenso unentbehrlich ist wie die selbstlose Hilfe vieler lieber Freunde draußen.

Jeder Mensch hat seinen persönlichen Lebensweg, dessen einzelne Phasen ihn geprägt haben. In meiner Jugend fühlte ich mich zum Maler berufen und war glücklich, wenn ich malen konnte. Ich bin ins Kloster gegangen, nicht nur um dort zu beten und zu malen, sondern um nach dem Anspruch des Evangeliums zu leben. Die Frage nach dem Sinn des Lebens ist in meiner Münchner Studierzeit durch menschliche Begegnungen stärker in den Vordergrund meines Suchens gerückt. Die Möglichkeit, in Not, in menschliche Not zu geraten, baute ich von nun an in meine Gedanken ein. Mir wurde dabei bewußt, daß Christus selber sich besonders den Menschen zuwandte, die in Armut, Not und auch in Schuld geraten waren. Hier erfuhr ich, wie Begegnungen mit Menschen in Not zur Begegnung mit Christus werden konnten. Das Erlebnis solcher Begegnungen machte mich sicherer und zuversichtlich. Ich fühlte mich zu solchen Menschen hingezogen, die auf der Schattenseite leben müssen. Ich wollte ihr Leben teilen. Sie gaben mir, ohne es zu wissen, die Kraft dazu. Meinem Abt und meinen Mitbrüdern, aber auch diesen Menschen habe ich es zu verdanken, daß ich Benediktiner blieb.

Den Menschen annehmen

Viele Menschen meinen – in moralisch redlicher Absicht –, den anderen verändern und vor allem bessern zu müssen. Darin liegt oft eine uneingestandene Überheblichkeit. Wer Mut hat, sich dem anderen zu öffnen, dem öffnet sich auch der andere. Und es wird in der Begegnung sichtbar, was vorher ängstlich verborgen wurde – auch wenn der andere nach außen ein Schläger, ein Trinker, ein Arbeitsscheuer bleibt. Dennoch kann der Anstoß für eine Veränderung gegeben worden sein. Oft gibt die einmal gewonnene Erfahrung, einem Menschen begegnet und von ihm angenommen worden zu sein, den Mut, weiter zu machen. Wie oft macht einer wenigstens den Versuch, zu arbeiten oder mit dem Trinken aufzuhören. Und wenn er es nicht tat, so hat er doch einmal seine eigene Menschenwürde erfahren und fühlt sich ernst genommen.

Seit 5 Jahren bin ich in der Jugendarbeit tätig. Unter jungen Menschen ist Veränderung noch in größerem Maß möglich als bei Erwachsenen, wenn auch der Einfluß des Jugendleiters begrenzt ist. Geprägt sind diese Menschen durch ihr Elternhaus und ihre Umwelt, vor allem durch die Freunde. Ich habe erfahren, daß der Anspruch, diese Menschen verändern und zu »besserem« Leben hinführen zu wollen, eine Anmaßung ist. Nur wenn ich sie nehme *wie sie sind,* fühlen sie sich ernst genommen und verstanden. Ein partnerschaftliches Zusammenleben macht es möglich, daß man sich als Menschen erkennt und näher kommt. Nur so kann ich ihnen begegnen. Und damit begegnet mir der Mensch Christus.

Durch dieses totale Annehmen ihres So-Seins öffnen sich die Jugendlichen. Es entsteht die Hoffnung, daß auch sie lernen, den anderen so anzunehmen, wie er ist. Das ist vor allem dann nicht leicht, wenn man von diesen »anderen« diskriminiert wird.

Clemens Schmeing OSB
BENEDIKTINER DER ABTEI GERLEVE

Im Hause Gottes

Der Verfasser des nachstehenden Beitrags stammt aus Westfalen, näherhin aus der Kreisstadt Coesfeld im Westmünsterland, wo er am 28. April 1930 geboren wurde. Seine Eltern standen beide lange Jahre hindurch im Lehrberuf an der Volksschule. Auf das Abitur am Gymnasium Nepomucenum in Coesfeld folgte zunächst ein Semester Theologie an der Universität Münster, dann der Eintritt in die fünf Kilometer von Coesfeld entfernte Benediktinerabtei Gerleve. Dort legte er Ostern 1952 seine ersten Gelübde ab. Das Studium der Theologie schloß er 1958 an der Internationalen Benediktinischen Hochschule Sankt Anselm zu Rom mit der Promotion zum Dr. theol. ab. Nach mehrjähriger Tätigkeit als Novizenmeister in der Heimatabtei wurde er dort 1971 zum dritten Abt gewählt.

Nährboden und Durchbruch der Berufung

Die Frage »Warum bin ich Ordenschrist?« konkretisiert sich für mich fast unmittelbar zu der Frage: »Warum bin ich Mönch und Priester der Benediktinerabtei Gerleve im Münsterland?« Der Entschluß, in dieses ganz bestimmte Kloster einzutreten, ist zweifellos durch die von liebender Zuwendung und fester Gläubigkeit geprägte Atmosphäre des nahe bei Gerleve gelegenen Elternhauses, durch das rege Leben in der Pfarrgemeinde St. Jakobi zu Coesfeld und durch die auf Coesfelder Schulen vermittelte Bildung in besonderer Weise vorbereitet worden und unaufdringlich gewachsen, zum Durchbruch kam er aber erst, und zwar von einem Tag zum andern, am 1. November 1950, dem Tag der feierlichen Verkündigung des Glaubenssatzes von der leiblichen Aufnahme Mariens in den Himmel. Als der Pater von Gerleve, der uns damals Theologenexerzitien im Bischöflichen Collegium Borromaeum zu Münster hielt, mich auf die vorsichtige Frage, wo ich wohl eintreten könne, behutsam auf sein Heimatkloster Gerleve aufmerksam machte, war's mir im selben

Augenblick sonnenklar: Warum in die Ferne schweifen, denn das Gute liegt so nah! Eine rationale Erklärung, Begründung und Analyse dieser intuitiven Erkenntnis ist mir nicht möglich. Jedenfalls war ich zwei Monate später Postulant in Gerleve.

Rückschauend stellt sich mir die Frage: Ob nicht auch heute ein von christlichem Geist geprägtes, solides Elternhaus, das Beispiel der Priester – die Pfarrgeistlichen von St. Jakobi führten in der Nachkriegszeit eine vorbildliche Vita communis – und eine gediegene schulische Ausbildung sehr günstige Voraussetzungen für das Aufkeimen einer geistlichen Berufung sind? Ob nicht auch heute der konkrete Kontakt mit einem überzeugenden Christen der auslösende Faktor für die Erkenntnis des je persönlichen Weges werden könnte?

Zeugnis des Geistes

Mein Noviziat war auf eine lange Strecke hin durch eine undurchdringlich dichte Wolke radikaler Glaubensanfechtung verdunkelt. Die Krise ging an den Lebensnerv ... Das Glaubenslicht läßt sich micht erzwingen. Doch es schlug auch, wiederum momentan, die Stunde der Befreiung von der inneren Qual. Das innere Zeugnis des Geistes bestätigt das Credo der Kirche und schenkt eine bleibende, das ganze weitere Leben bestimmende persönliche Gewißheit: »Gott hat uns in Jesus Christus geliebt. Wir sind nicht Trugbildern nachgelaufen. Die Frohbotschaft stimmt. Es ist Verlaß auf sie.« In dieser geistgeschenkten Grunderfahrung wird der Glaubensakt ermöglicht: »Wir haben die Liebe, die Gott zu uns hat, erkannt und geglaubt: Gott ist Liebe« (1 Joh 4,16 a). – »Ich lebe im Glauben an den Sohn Gottes, der mich geliebt und sich für mich hingegeben hat« (Gal 2.20).

In der stets neuen Besinnung und im Horchen auf dieses innere Zeugnis des Geistes wird die Notwendigkeit eines tagtäglichen tiefgreifenden Umdenkens in unserm Leben und in unserer Verkündigung, insbesondere auch in der Pastoral der geistlichen Berufe, als wahrhaft not-wendend erkannt. Wenn unser geistliches Bemühen nicht in einer freudlosen Quälerei steckenbleiben, wenn es befreiend und anstekkend wirken soll, müßte sich unser Sein, Denken, Wollen,

Empfinden, Reden und Tun geradezu ausschließlich um die Achse der Liebe Gottes zu uns drehen. Sind wir nicht geneigt, vorab um unsere Pflichten und Aufgaben zu kreisen, anstatt uns wirklich von der Liebe Gottes des Vaters zu uns in Christus Jesus ergreifen, überwältigen und umgestalten zu lassen, anzufangen, uns diese Liebe Gottes so zu eigen geben zu lassen, daß sie wahrhaft unsere Liebe wird und wir mit Paulus bekennen dürfen: »Nicht mehr ich lebe (und liebe), sondern Christus lebt (und liebt) in mir« (Gal 2.20)? Gott ist es, der in uns das Wollen und Vollbringen schafft (Phil 2.13), weit über unseren sogenannten guten Willen hinaus, ein Wollen, das gestählt ist und zugleich gelöst-ruhig, souverän, ein Wollen, das zum Vollbringen führt, zur Tat.

In diesem Sinne dürfte ein Kernsatz in der Regel des heiligen Benedikt das Zitat aus Röm 8,37 sein: »In allem sind wir übersiegreich durch den, der uns geliebt hat« (Reg. Ben. 7,39). Wenn die Frage an uns herantritt: »Welche Chancen hat – vor allem bei der Jugend – Ordensleben heute? Wie müßte es gelebt werden, um für junge Menschen (wieder) attraktiv zu werden?«, so wird sich als beste Antwort wohl das überführende Zeugnis von dieser übersiegreichen Kraft der Liebe Christi zu uns erweisen. Sie müßte sich unserer Aufmerksamkeit und Meditation, unseres Seins und Lebens, unseres Wirkens und Erleidens so sehr bemächtigen, daß wir ganz von ihr geprägt sind. Diese Werbung macht weitere Werbeaktionen fast überflüssig. Von der Liebe Christi zu uns gepackte und umgewandelte Menschen bringen die verlockenden und anziehenden Früchte des Geistes hervor, auf die allein es ankommt: Liebe, Freude, Friede, Langmut, Milde, Güte, Treue, Sanftmut, Enthaltsamkeit (Gal 5,22 f).

»Meister, wo wohnst du?«

Im vierten Evangelium hat das erste an den Herrn gerichtete Wort der Jünger die Gestalt einer Gegenfrage. Jesus fragte die beiden Johannesjünger: »Was sucht ihr?« Sie antworteten: »Rabbi, wo wohnst du?« (Joh 1,38). – In diesem tiefgründigen Fragespiel spiegelt sich weitgehend wohl auch die Situation des nach dem tragenden Lebenssinn suchenden heutigen Menschen wider, speziell aber auch die eines jungen Erwachsenen, der das Ordensleben anstrebt.

Auf meinen persönlichen Weg übertragen, lautete der Anruf des Herrn auf meine Frage »Meister, wo wohnst du?« sehr konkret: »Komm mit nach Gerleve und sieh!« Und ich kam und sah, daß er – jedenfalls für mich – in Kloster Gerleve wohnte, und blieb bei ihm, durfte mich für immer mit dem Gelöbnis benediktinischer Beständigkeit an sein Haus und die in ihm lebende Jüngergemeinde binden.

In der Sicht des heiligen Benedikt ist das Mönchskloster ein »Haus Gottes«, ein Haus, das erfüllt ist von heiliger Schweigsamkeit, vom ununterbrochen gesungenen »neuen Lied«, vom Frieden im brüderlichen Miteinander, ein Haus, das seinen Bewohnern bei allem zu bestehenden Kampf durchaus Geborgenheit, bis zu einem gewissen Grad auch Verborgenheit schenkt.

Ein Mönch strebt als Mönch primär nicht danach, ein Zeichen und Zeugnis für andere zu sein, er sucht vorab das mit Christus und Gott verborgene Leben (Kol 3,3), das mit einer statistisch nicht erfaßbaren Effizienz für Kirche und Welt fruchtbar wird. Dies gilt, wie mir scheint, auch für die monastische Gemeinschaft als ganze. Das Herz in einem lebendigen Organismus ist umso gesünder, je weniger es sich bemerkbar macht. Mönchisches Leben hat aber, sofern es sich wesentlich auch von der Kontemplation her versteht, in etwa die Funktion des Herzens im mystischen Leib der Kirche. Freilich hat dieser Gesichtspunkt im Synodenbeschluß über »die Orden und anderen geistlichen Gemeinschaften« in der Umschreibung des ganz vom Zeichencharakter her verstandenen, allen Gemeinschaften gleichen Grundauftrags kaum Beachtung gefunden.

Im Hause Gottes soll nach der Zielvorstellung des heiligen Benedikt Pax – Frieden herrschen. Alles soll so weise geordnet sein, daß niemand verwirrt und betrübt wird (Reg. Ben. 53,22; 31,19). Ein glühender Eifer soll das Leben der Bruderschaft bestimmen. Er zeigt sich in der Hochachtung voreinander, im geduldigen Ertragen der Schwächen, im Wetteifer des gegenseitigen Gehorsams, im selbstlosen Dasein für den andern, in einer zuchtvollen brüderlichen Liebe, in der liebenden Gottesfurcht, in der lauteren Zuwendung zum Abt, in der konkurrenzlosen Liebe zu Christus (Reg. Ben. 72).

Zuwendung zu den Menschen

Die im Geheimnis von Vater, Sohn und Heiligem Geist gründende und beheimatete monastische Kommunität wird im Mitvollzug der einzigartigen Liebe Gottes zur Welt (Joh 3,16) außer der zuvor genannten, mit innerweltlichen Kategorien nicht erfaßbaren Fruchtbarkeit in die Welt hinein eine nicht geringe, auch wahrnehmbare Ausstrahlungskraft auf die Menschen haben, zumal wenn sie sich im Rahmen ihrer Berufung den Menschen bewußt öffnet, sie teilnehmen läßt an ihrer monastischen Liturgie, ihnen Gastfreundschaft gemäß alter benediktinischer Tradition gewährt, ihnen ein geistliches Wort schenkt, einen Rat, Lebenshilfe, Orientierung, Stille, Frieden.

In unserer Abtei bewährt es sich, daß die Mitbrüder, aufgrund ihrer doppelten Berufung vor allem die Priestermönche, in den angeschlossenen Häusern, nämlich dem Exerzitienhaus Ludgerirast und der Jugendbildungsstätte St. Benedikt, ein dankbares, von vielen Menschen, Jugendlichen und Erwachsenen, aufgesuchtes Arbeitsfeld haben, das in den gesamtklösterlichen Rahmen einbezogen ist. Eine klosterinterne Gastabteilung erfreut sich verständlicherweise eines besonderen Zuspruches, da die dort untergebrachten Gäste die innerklösterliche Atmosphäre unmittelbar erfahren.

Die liturgischen Gottesdienste der Mönchskommunität, in denen nach wie vor fast ausschließlich der lateinische gregorianische Choral gesungen, ansonsten aber die Muttersprache weitgehend verwandt wird, ziehen auffallend viele Menschen jeder Altersstufe aus nah und fern an. Sie sind die Herzmitte und prägendes Element der Abtei.

Die Feier der Liturgie, die pastorale Tätigkeit im gesamtklösterlichen Bereich, Seelsorgeaushilfen in der Nachbarschaft, die Übernahme von uns entsprechenden Aufgaben auf Bistumsebene, sowie die Mitwirkung in diözesanen Gremien schaffen einen intensiven Kontakt zum Bistum Münster, in dem Gerleve gelegen ist, aber auch weit über die Diözesangrenzen hinaus. Der rege Austausch mit anderen Klöstern wird durch Zusammenschlüsse verschiedener Art sehr gefördert. Die Pflege der Wissenschaft findet ihren Ausdruck zur Zeit vorab durch die Lehrtätigkeit einiger Mitbrüder an Universitäten.

Vom Tourismus wird das Kloster weniger berührt, da es unter diesem Aspekt nichts Außergewöhnliches zu bieten hat, wenngleich es sich glücklich in die Landschaft einfügt und sich durch einen kraftvollen, von Anlagen umgebenen Bau auszeichnet. Die religiöse Dominante gibt ihm ein eindeutiges Profil, über das die Mönche dann auch eifersüchtig wachen möchten.

Alexander Senftle OFMCap

RHEINISCH-WESTFÄLISCHE PROVINZ DER KAPUZINER

Verdanktes Leben

Geboren am 6.12.1917 als Jüngster von elf Kindern in Rastatt/Baden. Beruf des Vaters: Wagner- und Schmiedemeister. Ostern 1937 Abitur in Bensheim a.d.B. als Kollegschüler der Kapuziner am Staatl. Gymnasium; danach Noviziat und Philosophiestudium bis 1940. Herbst 1940–Herbst 1948 Soldat und Kriegsgefangener im Osten (Stalingrad). 1948 – Ostern 1951 Theologiestudium in Münster und Priesterweihe. Ab 1951 Universitätsstudium; 1954 Diplom für Sozialwissenschaft; 1957 Promotion zum Dr.phil. 1957 Lehrstuhl für praktische Philosophie an der Ordenshochschule Krefeld; 1958 Magister; 1959 Studentenpfarrer; 1967 zum Provinzial gewählt; 1970 zum Vorsitzenden der Ordensobern in Deutschland gewählt.

Zur Zeit Mitglied des Professorenkollegiums der gemeinsamen franziskanischen Ordenshochschule in Münster i.W.; Studentenpfarrer an der Fachhochschule Niederrhein in Krefeld; und Priesterseelsorger; Mitglied des Zentral-Komitees der deutschen Katholiken, Provinzvikar.

»Wovon man nicht sprechen kann, darüber soll man schweigen« – daran dachte ich zuerst, als der Herausgeber dieses Buches mit einem Brief an mich herantrat, über meinen Weg zum und im Ordensleben etwas zu schreiben. Nur das Anliegen dieses Buches hat mich dann zur Mitarbeit bewogen.

Mein Weg

Mein Leben zu deuten, fällt mir gar nicht so leicht, wenn es wirklich mein Leben sein soll und nicht eine theoretische Schematisierung mit Ziel- und Rückschau. Seit meinen Stalingraderlebnissen in den 40ziger Jahren – ich war damals 23 Jahre alt – sind für mich keine abstrakten Theorien mehr bewußtseinsbestimmend; vielmehr erfahre ich seither das Leben in seinem Geschenkcharakter als verdanktes Leben. Das ist im Verlauf des Lebens bei allen weiteren Situationen so geblieben. Bis zu diesem Wendepunkt war sozusagen auch alles geregelt und geordnet verlaufen. Ein kinderreiches und einfaches Handwerkerelternhaus in der badischen Heimat Rastatt sorgte für Lebendigkeit und Lebensfreude. Es gab keine Umwege. Die vom Glauben getragenen Eltern wie auch die Erzieher im Internat der Kapuziner in Zell am Harmersbach und Bensheim an der Bergstraße wirkten bewahrend in meiner Jugend vor der nationalsozialistischen Beeinflussung. Sie schützten die jugendliche Begeisterungsfähigkeit vor jedem Mißbrauch gegenüber den falschen Idealen. Die herrschende Nazi-Jugendbewegung fand keinen Zugang. Wir Internatsschüler in Bensheim wurden aber in Begeisterung gehalten. Wir wurden angehalten und angeregt, in Spiel, Sport, Muße und schulischen Leistungen das Beste zu schaffen. So waren gerade wir das Aushängeschild am staatlichen Gymnasium. Wir repräsentierten die Schule in den verschiedensten Wettbewerben. Trotz unseres Gegen-den-Strom-Schwimmens in diesen Jahren von 1933-37 waren wir anerkannt. Dies erfolgreiche und von uns auch gefeierte Gegen-Sein wurde für das Leben prägend. Die Entscheidung nach dem Abitur 1937 für oder gegen den Eintritt bei den Kapuzinern war eigentlich keine Entscheidung mehr, sondern war die fortgesetzte Entschiedenheit. Diese lebte sehr stark von dem intensiven Einfluß unserer Internatserzieher P.Otto Weber und P.Dionys Zöhren aus Krefeld, der im KZ Dachau sein Leben lassen mußte. Ihren Informationen und erzieherischen Impulsen war das zu verdanken.

Ich konnte ungestört mein Noviziat machen und noch bis zum Wintersemester 1940/41 Philosophie und Theologie in Münster und Krefeld studieren. So hatte ich als einziger von unserem großen Kurs das Glück, noch die wissenschaftlichen Größen unserer Hochschule zu erleben wie einen P. Konstantin Rösch, Heribert Johne, Chrysostomus Schulte, Bernardin Göbel, Eugen Henne – um nur die bekanntesten zu nennen.

Erst im Oktober 1940 erreichte mich in Münster ein schon länger fälliger, aber in den Akten untergegangener Stellungsbefehl zu den Funkern nach Köln-Mühlheim. Nach einer drei-monatigen Ausbildung übten wir als Infanteristen den Marsch nach Rußland voraus durch wochenlange Tages- und Nachtmärsche quer durch Belgien und Frankreich. Dann war die 95. Inf. Div. startklar für den berüchtigten Einmarsch und Winterfeldzug in Rußland. Nach nicht ganz vier

Jahren begann eine vierjährige Gefangenschaft in Stalingrad. Das einmal eingeübte und durchgehaltene Gegenden-Strom-Schwimmen ließ alle Sirenenklänge des Sozialismus und der antifaschistischen Bewegung auch hier wirkungslos. Sie wurden durchschaut als Verrat am Menschentum. Es gab zwar manche harte Proben im Kampf ums Überleben - auch Proben des Glaubens, wenn beispielsweise in der antifaschistischen Monatszeitung aus Moskau Bekehrungsbekenntnisse und Aufrufe selbst von Militärpfarrern unterzeichnet waren. Ich habe dort gelernt, wie kompliziert alles sein kann, und daß es so etwas gibt wie ein Geheimnis des Bösen.

Mit dem Wintersemester 1948/49 konnte ich dann nach vier Genesungsmonaten das Studium wieder in Münster fortsetzen. Dort wurde ich Ostern 1951 zum Priester geweiht und konnte meine Primiz in der Heimat zusammen mit dem 25. Priesterjubiläum meines ältesten Bruders P.Theoderich Senftle feiern. Die Eltern haben diese zweite Primiz nicht mehr erlebt und von den elf Geschwistern fehlte der zweitjüngste, der als Hauptmann der Luftwaffe vor Stalingrad gefallen war.

Nach Abschluß der theologischen Studien an der Ordenshochschule erhielt ich von den Obern den Auftrag, an der Universität weiterzustudieren und mich für den Lehrstuhl »Praktische Philosophie« vorzubereiten. Neben einem begrenzten seelsorglichen Dienst belegte ich als Hauptfächer Sozialwissenschaft, Philosophie, Pädagogik und Psychologie. Ostern 1954 konnte ich bei Prof. Höffner mit dem Diplom für Sozialwissenschaften abschließen und im Sommersemester 1957 beendete ich die Studien mit dem Dr.phil. Mit dem folgenden Wintersemester mußte ich sofort meine Lehrtätigkeit an der Ordenshochschule Krefeld aufnehmen. Es folgten die Aufgaben des Studiendirektors, des Klerikermagisters und ab 1963 auch die des Hausobern. Bereits 1959 habe ich die Studentenseelsorge an den Fachhochschulen für Ingenieurwesen übertragen bekommen, wo ich mich auch als Dozent noch betätigen konnte. Als seelsorgliches Angebot hatte ich einen festen Beichtstuhl in der Hauptkirche St. Dionysius übernommen. Aus der Tätigkeit an den Ingenieurschulen erwuchs die Gründung der ersten Ingenieurgilde St. Albertus Magnus.

Diese Aufgaben wurden teilweise unterbrochen durch ein siebenjähriges Provinzialat, zu dem ich durch die Mitbrüder gewählt wurde. Eine weitere Wahl brachte mir die Aufgabe des Vorsitzenden der deutschen Odensobernkonferenz und des Vorsitzenden der deutschen Ordensobernkonferenz und die Mitgliedschaft als Synodale an der ersten Synode der deutschen Bistümer. Ich nahm dort aktiven Anteil an der Vorlage Entwicklung und Frieden, sowie dem Missions- und Ordenspapier. Von diesen Aufgaben her erwuchs mir auch die Mitgliedschaft im Zentralkommitee der deutschen Katholiken sowie im Arbeitskreis für Entwicklung und Frieden.

Eigentlich habe ich den Dienst im Rampenlicht der Öffentlichkeit nie gesucht noch weniger die übergeordneten Funktionen. Ich habe mich lieber den stillen seelsorglichen Diensten hingegeben, die ich auch heute noch vollziehe: neben der Studentenseelsorge die Schwesternseelsorge im Raum Aachen-Krefeld und die geistige Führung der deutschen Kapuzinerinnen, zu deren geistlichem Beirat diese mich wählten.

Mein Verständnis von Ordensleben

Der Grund für meine Tätigkeiten ist zugleich auch der Grund meines Verständnisses als Ordenschrist. Ich bin der Meinung, daß ein verdanktes Dasein sich weiterschenken muß. Und darum bin ich offen für alle Aufgaben, besonders jene, die durch Dienst gekennzeichnet sind, ohne Vorrangstellung. Dabei suchte ich den anderen nicht als Objekt der Betreuung, sondern als meinen Partner, an dessen Leben ich einfach Interesse habe und in dessen Geschick ich ein Mitbetroffener bin. In solcher Einstellung sehe ich mein Aufgabe als franziskanischer Ordenschrist und meine, daß dies ein Leben in den Fußspuren Jesu ist – mit meinen begrenzten Möglichkeiten. So soll ein Stück Jesusbegegnung vermittelt werden und das Licht von erlöstem Dasein aufleuchten. Ein solcher Versuch vermag Glaube und Hoffnung konkret auszudrücken. Und darin sehe ich auch die zeitgemäße Sendung aller Ordenschristen an die Menschen von heute und an die Kirche aller Epochen als Kirche Jesu Christi.

Diese Aufgabe lebt nicht im Verlassen auf eigene Leistung, sondern auf dem Sich-Verlassen auf Gott und seine Heilszuwendung zum Menschen. Und in dieser gestalteten Aufgabe wird jedes Nebeneinander von Menschen zur gelebten Gemeinsamkeit. Und ich meine, daß dies alles unsere Zeit so dringend ersehnt und notwendig hat; nämlich fähig zu bleiben, um beschenkt zu werden und Gemeinschaft und Zukunft zu haben über sich, über das menschlich Begrenzte hinaus.

Auf diese Weise vermag das Leben aus dem Glauben heraus anziehend zu werden gerade für unsere jungen Menschen heute, die nach dem Miteinander und Füreinander hungern und dies nicht von der Geltung und Leistung her bemessen lassen wollen. Und sie entdecken so wenig Zukunft für ihr konkretes Leben trotz oder wegen der Güterfülle, die zwar faszinieren, aber auch verführen und am Ich wie Du vorbeileben lassen. Der Griff ins Leere bei der Frage: Wozu das alles?, findet im gelebten Ordenschristsein eine konkrete und tiefergreifende Orientierung, die nicht vertröstet, sondern gestaltetes Leben meint, und die es feiert als Gabe und Aufgabe wie das auch in andern Bereichen möglich wäre. Ordenschristsein meint gelebter Alltag, der Anteil hat an einem Ende, das die zeitlichen Grenzen nicht mehr kennt; und das ist der Mensch in seinem tiefsten Wesen: Ebenbild des unendlichen Urbildes. Sich ebenbildlich halten ist die große Würde, die in allen Lebenssituationen und -gestalten erfahren werden kann.

Darum ist die Botschaft des Ordenschristseins: Das Leben ist lebenswert und liebenswert im Sich-Verlassen auf Gott, um zu verlieren, was begrenzt ist. Es bleibt das Abenteuer, das Wagenmüssen, aber es ist gekennzeichnet von einer Zukunft und Hoffnung, die darüber hinauszeigt. Solches für wahr zu halten ist nicht lehrbar, aber es lebt von Impulsen und Antrieben, die in uns sind, und zwar in der ganzen breiten menschlichen Wirklichkeit als Abbild des Urbildes. Das Ordensleben ist die ausdrückliche Probe aufs Exempel für andere. Wer sich sucht, wird sich verlieren! Wer sich verliert, wird sich und alles gewinnen.

Kyrilla Spiecker OSB
BENEDIKTINERINNEN DER ABTEI VOM HL.KREUZ, HERSTELLE

Von unterwegs

Ich fand mich vor im Kriegs-und-Hunger-Berlin 1916 als Älteste von drei Geschwistern, obendrein Zwilling. Der Vater, Dr. Carl Spiecker, war damals Zentrumspolitiker. Zur Zeit meiner Geburt bewachte er als Soldat irgendwo ein Heringsdepot. – Mein Steckbrief: Statur klein, Gesundheit zart, Spätentwickler. 1935 Abitur in Berlin; Arbeitsdienst bei den Kaschuben in Ostpommern; Medizinstudium, Staatsexamen, Promotion in Berlin. 1940-45 klinische, vorwiegend chirurgische Tätigkeit im Berlin der tausend Luftangriffe. Zwischenzeitlich 1933 Flucht des Vaters ins Exil mit allen damals üblichen Folgen für die Familie eines Widerstandskämpfers. Ich selbst war 1938 drei Monate in Gestapohaft am »Alex« und in »Moabit«. 1946 Klostereintritt in die Benediktinerinnenabtei vom Hl. Kreuz in Herstelle/Weser.

Meine »Tätigkeit« im Kloster ist vor allem das gemeinsame Leben mit meinen Mitschwestern (fast 100): im Chor, bei Tisch, in der Erholung, in den anfallenden Hausarbeiten, in Vorträgen, Arbeitsgemeinschaften und Gesprächen. Die mir speziell aufgetragene Arbeit kann jederzeit ausgetauscht werden. Im mir je Aufgetragenen versuche ich meine Christusnachfolge im Kloster zu leben. Bis 1972 war mir die ärztliche Betreuung meiner Mitschwestern aufgetragen. 1960–65 wurde ich zur Ausbildung auf die Kölner Werkschulen geschickt, da man bei Entwürfen für die Ateliers künstlerische Fähigkeiten bei mir entdeckt hatte. Aufträge für Bilder, Wandgestaltungen, Marmormosaike usw. folgten. Seit 1970 Bildmeditationen, Beiträge für Zeitschriften usw., Einsatz im Team unserer Kloster-auf-Zeit-Kurse. Monastische Ämter habe ich nie bekleidet.

Gottes An-Spruch – meine lebenslange Antwort

Was mich nach Herstelle rief und mir erlaubte, meinen ärztlichen Beruf aufzugeben, war Gottes Anspruch. Am Widerstand, den mein Entschluß allerorts auslöste, und in der kriegsbedingten fünfjährigen Wartezeit festigte sich meine Berufung. Sie hat sich bis heute als krisenfest erwiesen.

Wer gerufen ist, kommt nicht mit einem Programm, um die Welt zu verändern, um eine Funktion in der Kirche, im Kloster auszuüben, etwas »bewirken« zu wollen; auch nicht, um »Zeugnis zu geben«! Ich bin gekommen, um mit meinem Leben auf Gottes Liebe zu antworten – in einer konkreten Gemeinschaft, unter Regel und Abt. – Jeder Mensch, ob in der Welt oder im Kloster, der bewußt aus einer Mitte zu leben bemüht ist, wird dann – unbewußt – zu einem Reaktor, der strahlt: zu einem Menschen, der zeugt und bezeugt. Ich versuche als Nonne zu leben. Dadurch werde ich vielleicht zum Frage-Zeichen, so oder so, zum Anstoß, so oder so. Ich bin nicht ins Kloster gegangen, weil mich die Welt überforderte, weil ich mich vor Verantwortung und Einsatz drücken wollte: die an mich gestellten Herausforderungen durch Krieg und Naziregime waren eine ungewöhnliche Überforderung und Bewährungsprobe. In Gottes Ruf sah ich die Möglichkeit, meine eigene Begrenztheit in Gottes unbegrenztes Heilswirken abzugeben und einzubringen, meine Eigenwilligkeit Gottes Willen verfügbar zu machen. *Gott* sollte in meinem Leben zum Zuge kommen – non praevaleat homo: praevaleat Deus! Gott abgeben, was Gottes ist, meint vorbehaltlos: alles. Im Durchkreuzten, Geforderten oder Versagten erfährt jeder in Raten, was das konkret umschließt.

Mit der Berufung für eine bestimmte Lebensform in einer bestimmten Abtei treffe ich eine Lebensentscheidung. Darum ist der Eintritt in eine benediktinische Frauenabtei etwas anderes als die Entscheidung für einen Beruf oder ein Fachstudium. Meine Anlagen, Neigungen, Wertvorstellungen ziehen mich an einen bestimmten Ort. Auch im Kloster gedeiht nur, wer das ihm gemäße Erdreich und die entsprechenden Wachstumsbedingungen vorfindet. Aber auch das »Gottsuchen« im Kloster erspart weder Zerreißproben noch Konflikte noch eigenes Versagen. Auch im Kloster bringt Verdrängen oder Überspielen von Konflikten nicht weiter. Aber »die Wahrheit wird uns frei machen«: das Sich-Gott-Stellen, das Bekennen und das Einander-Verzeihen, das lebenslange »Umkehren«. Auch im Kloster werden wir nur im Loslassen, im Du-Sagen reif. Nur im Sichselbstüberschreiten, im Lieben kommen wir zu uns selbst, zur vollen Entfaltung – und auch im Kloster nicht durch mehr oder weniger getarnte Wunschbefriedigungen. Schließlich können wir nur erfüllt leben, kann uns Gott nur erfüllen, wenn wir ihm Raum schaffen:

wenn wir in uns ausräumen und aufräumen; und unsere Tür nicht zuschlagen, wenn Gott andere mit dem Ausräumen beauftragt. Es ist die Erfahrung meines Klosterlebens: Wenn ich nicht lebenslang meine Wurzeln in die Tiefe ausstrecke – und das ist kein mechanischer Vorgang –, erweisen sich Sturm und Trockenheit als lebensbedrohlich. Der Umgang mit Gott muß zentral wichtig bleiben. Sonst wird der Ersatz zunehmend wichtig und höhlt die Christusnachfolge im Kloster aus.

Aus Empfangenem mitteilen

Ich meine, wenn wir als Christen unserer Zeit unsere Berufung als persönlichen Auftrag von Gott für das Heil der Welt und als Lobpreis zu leben versuchen, wird das in konzentrischen Kreisen geschehen. Wir werden gesammelt und versammelt auf Gottes Wort hören und seinen Anspruch wahrnehmen. Da wo wir stehen. Ein gottzentriertes Leben schärft unser Wahrnehmungsvermögen. Die Liebe sieht, wo es fehlt, was nottut, wo sie einspringen kann. Die Liebe macht nicht nur für die Mitschwestern hellsichtig, sie macht auch das Herz weit für die vielschichtige Not in der Welt. Was in der Welt geschieht, geht auch mich an. Denn die Nachfolge des Evangeliums geschieht auch im Kloster nicht im luftleeren Raum. Das äußere Wie wird sich jeweils orientieren müssen an den Gegebenheiten und Möglichkeiten einer Gemeinschaft.

Das wird von Ort zu Ort und von Kloster zu Kloster verschieden sein. Sicher aber ist die Ausstrahlungskraft einer Abtei nicht nur an der Größe der Gemeinschaft, ihren »Leistungen«, ihren Besucherzahlen abzulesen. Die entscheidende Strahlkraft kennt nur der Herr, der jedem ins Herz schaut, bei dem nur die liebende Hingabe, nicht der Erfolg zählt. In jeder Form klösterlichen Dienstes muß sich die *Liebe* etwas einfallen lassen und schöpferisch sein. Was sich in Kursen, Vorträgen, Publikationen der einzelnen einer benediktinischen Gemeinschaft niederschlägt, schöpft aus Empfangenem: ist Mitteilung, Teilgeben aus und am gemeinsamen Leben. Darum läßt sich das Eigentliche unseres Lebens, Gott sei Dank, nicht in ein Lochsystem einordnen. Wenn meine Berufung wirklich eine Gliedfunktion im Christusleib hat, dann ist jeder Herzschlag in einen Kreislauf einbezogen, für dessen

Lebensfähigkeit ich mit meinem Leben – bis in meine guten und schlechten Gedanken hinein – mitverantwortlich bin.

Selber zur Antwort werden

Wo Leben gelebt wird, da bekommen Lebensprogramme auch Leuchtkraft. Wo eine Gemeinschaft nicht müde wird, Tag um Tag und Jahr um Jahr ihr Gottsuchen in der Verflochtenheit von Gebet und Arbeit, im gemeinsamen Mühen, Versagen, Verzeihen und Umkehren zu leben, werden Menschen heranreifen, die mit ihren und der anderen Grenzen zu leben gewillt sind. Die nicht aufzugeben brauchen, weil sie auf Gott und aufeinander setzen. Das wird unser Leben Besuchern glaubwürdig erscheinen lassen. Und es wird uns im Sprechzimmer zu echten Antworten befähigen.

Trotzdem wird mein ganzes Leben ein kümmerliches Antwortstammeln auf Gottes Anruf bleiben, der mich zuerst geliebt hat. Ich kenne den Preis, den wir ihm wert sind. Ich weiß, daß meine kleine Liebe von seiner unbegreiflichen Liebe umschlossen ist. Das wider alle Widrigkeiten zu glauben, lerne ich in jeder Eucharistiefeier und von meinen Schwestern, die mit mir unterwegs sind. Der schlimmste Feind klösterlichen Lebens ist Halbherzigkeit: Durch sie verlieren wir Gott und den Weg aus dem Auge.

Wir können uns nicht über Nachwuchsmangel beklagen. Jede Form von Werbung würde echte Berufe abstoßen. Wir öffnen allen Menschen, die zu uns kommen, die Tür: zum Stillwerden, zum gemeinsamen Gottesdienst, zur Meditation, zum Gespräch. Eine Berufung aber ist Gottes Sache.

Wir *»existieren«* vom Broterwerb, von unserer Hände Arbeit: in der Welt, wie im Kloster. Aber wir *»leben«,* erfüllt und im Sinn – wie auch die Chisten in Beruf und Familie – vom Nichtmachbaren, Unkäuflichen, Gottgeschenkten. Das aber verweist Leistung ins zweite Glied. Das Bemühen, Berufung durch Leistungsbilanzen zu rechtfertigen, sie unermüdlich ins rechte Licht zu setzen, scheint mir Symptom einer Mangelkrankheit. Wenn unser geistliches Leben vital ist, brauchen wir weder Gottes Anspruch auf uns, noch unsere je persönliche Antwort als Ordensleute vor den Menschen zu verteidigen. Wir werden selber zur Antwort.

Franz Josef Steinmetz SJ
NIEDERDEUTSCHE PROVINZ DER GESELLSCHAFT JESU

Zeugen der Freiheit

Jedesmal, wenn ich meine »Identität« beschreiben soll, gerate ich ein wenig in Verlegenheit. Sie ist nämlich nicht so äußerlich greifbar vorhanden, wie es die Existenz-Angst unserer Zeit oft für wünschenswert hält. Vielleicht waren die vielen Fahrten und Lager, die ich in meiner Schulzeit als Mitglied der Pfadfinderschaft St. Georg organisieren und mitmachen durfte, schon ein gewisses Vorzeichen für mein späteres Leben. Nach dem Abitur am naturwissenschaftlichen Gymnasium in Krefeld studierte ich als Germaniker 1952-1959 Philosophie und Theologie an der Gregoriana in Rom. Gelegentliche Gedanken an einen Ordensberuf blieben theoretisch-spekulativ und bezogen sich lediglich auf die Theologie der sogenannten Evangelischen Räte. Der Ruf meines Bischofs führte mich nach der Priesterweihe fünf Jahre hindurch als Kaplan nach Krefeld und Düren. Erst 1964 war mein Entschluß, in die Gesellschaft Jesu einzutreten, soweit gereift, daß ich ihn in die Tat umzusetzen wagte. Meine Obern im Orden schickten mich zum Weiterstudium der neutestamentlichen Exegese nach Trier, das ich 1968 mit einer Dissertation über die Eschatologie des Kolosser- und Epheserbriefes glücklich beenden konnte. Auf eigenen Wunsch kam ich dann als Redaktionsmitglied der Zeitschrift »Geist und Leben« nach München. Etliche Artikel über Fragen der biblischen Spiritualität sind unter anderem die Frucht der folgenden Jahre.

Seit 1973 arbeite ich hauptamtlich als Spiritual im Priesterseminar Sankt Georgen in Frankfurt. Ich verstehe meine Aufgabe vor allem als persönliche, spirituelle Beratung der hier studierenden Priesteramtskandidaten. Dazu gehören Besuche, Gespräche, Konferenzen, Liturgien, Meditationsangebote, Exerzitien, Referate. Soweit möglich nutze ich die Semesterferien zur Ausarbeitung von Artikeln, zu Vorlesungen am Institut der VOD (Vereinigung der Ordensoberinnen Deutschlands) in München und zu mancherlei Vortragstätigkeit, wobei ich in den letzten Jahren ziemlich häufig über das Wesen des Ordenslebens und seine biblischen Grundlagen sprechen durfte, was hier in etwas anderer Weise geschehen soll.

Relativierung und Solidarität

Die Bedeutung einer »Sache« wird einem zuweilen erst dann so richtig klar, wenn man einmal von ihr absieht oder sie sich gleichsam »wegzudenken« versucht. Was wäre das Christentum, was wäre die Kirche ohne die überaus bunte Vielfalt dessen, was man gewiß vereinfachend »Ordensleben« zu nennen pflegt? Der Ausfall ließe sich kaum auf wenigen Seiten umschreiben, geschweige denn ausmalen. Ich möchte hier nur einige Aspekte herausgreifen, die mir etwas Besonderes sagen. Was also würde fehlen?

Fehlen würden zunächst die vielen persönlichen, spontanen Initiativen, die schließlich zur Bildung der verschiedenen geistlichen Gemeinschaften führten, aber für gewöhnlich nicht von der offiziellen Hierarchie ausgingen, sondern vielmehr gewissermaßen ihr ständiges charismatisches »Gegenüber« darstellten. Sie sorgten ganz konkret und praktisch dafür, daß die Mahnung des Apostels »Löscht den Geist nicht aus« (1 Thess 5,19) immer wieder neu gehört werden mußte. Institutionen sind gewiß heilsam und wichtig, aber eben zugleich auch gefährlich. Und wie die Erfahrung zeigt, haben religiöse Institutionen und Strukturen oft mehr als andere die Tendenz, zu erstarren und dabei zeitbedingte Formen des Denkens und Handelns absolut zu setzen. Deshalb mußte die Kirche das Aufkommen charismatischer Gruppen, was gewiß die meisten Orden in ihrem Ursprung gewesen sind, nicht bloß passiv dulden, sondern vielmehr noch fördern, und sie hat es zweifellos getan. Wenn diese Gemeinschaften, die sich in ihren Ursprüngen gerade durch besondere schöpferische Phantasie auszeichneten, später zuweilen selber einer juristischen Erstarrung erlagen und eher als Vertreter eines toten Reglements denn als charismatische Bewegungen galten, dann sagt das nichts gegen ihre eigentliche und wesentliche Bedeutung. Wohl aber ist eben dies eine aktuelle Frage, der sie sich stellen müssen. Falls und soweit sie negativ beantwortet werden müßte, kann man nur hoffen, daß der Platz der Ordensgemeinschaften durch analoge Gebilde aufgefüllt wird. Ohne sie wären wir jedenfalls ärmer.

Besonders angesprochen fühle ich mich weiterhin durch einen Gedanken, der in Apg 2,44 ausgesprochen wird. Dort heißt es: »Alle, die gläubig geworden waren, hielten zusammen und hatten alles gemeinsam«. Ich bin überzeugt, daß das Ordensleben der Vergangenheit und der Gegenwart trotz aller faktischen Armseligkeit eine eindrucksvolle Erinnerung an das ist, was vom Neuen Testament her christliches Leben im Grunde kennzeichnet: Brüderlichkeit, freiwillige Gütergemeinschaft, Dienst am Nächsten, Freiheit durch Verzicht. Das soll keineswegs heißen, daß es dieses Leben außerhalb der Ordensgemeinschaften einfach nicht gäbe. Wohl aber meine ich, daß es ohne diese wesentlich seltener wäre, was die Gefahr eines unfreiwilligen, zwangsweise eingeführten »Kommunismus« vermutlich erheblich vergrößern würde. Die Not des individualistischen Pluralismus, der heutzutage vielerorts anzutreffen ist, sollte man nicht zu einfach und schnell als Tugend der Freiheit deuten, wenn auch übertriebene Gemeinschaftsideale, welche schöpferische Phantasie und persönliche Entfaltung behindern, selbstverständlich abzulehnen sind. Die Schwierigkeiten des Gemeinschaftslebens müßten jedoch nicht zur Resignation, sondern zu Reformen führen, die das obengenannte lukanische Vorbild der Urgemeinde nicht aus den Augen verlieren. Jedenfalls sehe ich in vielen Orden auch heute mancherlei Chancen und Möglichkeiten, einander zu dienen und sich im Dienst an den Menschen zu unterstützen, was freilich, wie bei Jesus selbst, letztlich immer wieder auf den Widerstand der menschlichen Egoismen und das heißt auf das Kreuz stößt, sei es innerhalb oder außerhalb der Gemeinschaften , die die christliche Botschaft der Liebe zu leben bemüht bleiben.

Was Armut und Ehelosigkeit, also die Lebensformen des Verzichtes im engeren Sinne betrifft, so glaube ich, daß sie, abgesehen von wichtigen Aspekten, die hier nicht behandelt werden können, die Aufgabe der Relativierung und Solidarität haben. Mit Relativierung meine ich das nötige Korrektiv gegenüber der Meinung, das bibliche »Seid fruchtbar und vermehrt euch« (Gen 1,28), sei ein unbedingtes Pflichtgebot, und Geschlechtsgemeinschaft sei eine verpflichtende Lebensform für alle, ohne welche menschliches Leben notwendig unerfüllt und glücklos bliebe. Armut und Ehelosigkeit der Ordensleute können vielmehr Zeichen der Solidarität mit den schicksalhaft Unverheirateten oder Zu-kurz-Gekommenen sein, die ihnen zeigen: Wenn wir nur dem Herrn gehören, dann ist unser Leben nicht vergeblich, ob wir leben oder sterben (vgl. Röm 14,7f.). Gerade in unserer Zeit, da die

Menschheit am selbstproduzierten Überfluß sowohl zu ersticken als auch zu verhungern droht, haben die Orden vor allem unter dieser Rücksicht eine bleibende Bedeutung.

Dynamisches Gemeinschaftsleben

Wenn viele Orden heute unter auffälligem Nachwuchsmangel leiden, so hat das gewiß zahlreiche und verschiedenartigste Gründe. Nicht zuletzt scheint mir dabei das Vorurteil eine Rolle zu spielen, wonach im Ordensleben die Abhängigkeit der einzelnen von den Entscheidungen der Obern zu sehr betont, die Mitbestimmung und Mitverantwortung aller hingegen unterbewertet werde. Es ist sicher nicht leicht, dieses Vorurteil allmählich abzubauen. Ich selbst habe zwar diese Phänomene nach meinem Eintritt 1964 so gut wie nicht mehr erlebt, im Gegenteil: ich konnte vielerorts eine Auflockerung übertriebener, uniformistischer Reglements und eine Aufgliederung der Groß-Kommunitäten in kleinere Lebens-Gemeinschaften und Arbeits-Teams beobachten, die die persönliche Gesprächsbereitschaft und Mitarbeit der einzelnen genügend herausfordern, freilich auch ein bequemes Mitläufertum verhindern. Ich weiß aber, daß dies – wohl infolge eines »frommen Übereifers« – nicht immer so war und in manchen Frauenorden auch heute noch nicht der Fall ist. Hier wäre sicher noch etliches zu ändern. Dabei käme es wohl vor allem darauf an, daß man Arbeitsobjekte und Tätigkeitsbereiche anbietet, die den Bedürfnissen unserer Zeit Rechnung tragen, also nicht bloß von der Tradition der Orden her interessant sind. Nur so ist meines Erachtens zu hoffen, daß die verbreitete Angst vor der Hingabe an ein Gemeinschaftsleben, die in der heutigen individualistischen und geradezu schizoiden Gesellschaft besonders groß ist, überwunden wird. Die Vertrauenskraft und auch die Ich-Stärke vieler ist freilich nicht selten so gering, daß selbst erfolgversprechende Aufgaben und Tätigkeiten noch kein ausreichendes Fundament für ein dynamisches Gemeinschaftsleben darstellen, so daß eine radikalere Glaubensbegründung nötig bleibt.

In einem gewissen Sinne kann man sagen, daß die Orden einmal so etwas wie die »Adels-Geschlechter« der Kirche waren. Ich weiß, das ist ein gefährliches Wort, das recht töricht verstanden werden kann. Es darf nur so gemeint sein, wie Jesus in Mk 10,43 erklärt: »Bei euch soll es nicht so sein, sondern wer bei euch groß sein will, der soll euer Diener sein, und wer bei euch der Erste sein will, soll der Sklave sein«. Es gibt im Grunde nur eine christliche Berufung. Die alte Liturgie der Weihnachtszeit nennt das christliche Grundgeheimnis »admirabile commercium«, das heißt »Staunenswunder des auskaufenden Austauschs«. Es geht somit im Christentum und deshalb auch im Ordensleben um einen Austausch, freilich um ein echtes Gegenüber, das aber in der Form des »Herunter« geschieht bis dahin, daß der durch diesen göttlichen Tausch Verwandelte aus der Form des Sklaven in die Freiheit der Kinder Gottes gelangt (vgl. Mt 20,28; 2 Kor 5,17-21; Röm 6,16-22; Phil 2,5-9).

Wenn aber heute immer wieder davon gesprochen wird, daß sich die Ordensleute mehr als bisher in die Welt einfügen sollten, dann nicht bloß deshalb, weil man sich durch den entstehenden Austausch eine Erneuerung des durch zu starke Isolierung teilweise degenerierten Kirchen-»Adels« verspricht, sondern vielmehr, weil es um die konkrete Ausschöpfung des christlichen Grundgeheimnisses überhaupt geht, und weil vor allem die Vernachlässigung des »admirabile commercium« zur geistlichen »Blutarmut« der Orden geführt hat.

Zu meiner Freude finde ich nicht bloß in den Dekreten der 32. Generalkongregation der Gesellschaft Jesu, sondern auch in anderen geistlichen Gemeinschaften Impulse, die sich wie folgt artikulieren: »sind wir bereit, mit Vernunft und von lebendigen apostolischen Gemeinschaften getragen, Zeugen des Evangeliums zu sein in schwierigen Situationen, wo der Glaube und die Hoffnung auf die Probe gestellt werden durch Unglauben und Ungerechtigkeit? Sind wir bereit, ein hartes und gründliches Studium auf uns zu nehmen? Studien, die immer häufiger nötig sind, um die gegenwärtigen Probleme zu verstehen und zu lösen? In der Theologie, Philosophie, den Humanwissenschaften? Wir müssen uns in die moderne Gesellschaft hineinbegeben, wenn wir mit ihr unseren Glauben und unsere Hoffnung teilen und ein Evangelium verkünden wollen, das Antwort ist auf die Erwartung unserer Zeitgenossen« (Unsere Sendung heute, Nr. 35).

Ich habe den Eindruck, daß diese Impulse nicht bloß auf dem Papier stehen, sondern vielerorts – wenn auch vielleicht noch allzu bescheiden und zaghaft – praktiziert werden: in Häusern der Begegnung, in Schulen, in Kollegien, an Tagen der »Offenen Tür«, in Werkwochen, Jugend-Freizeiten, Gottesdiensten usw. Nicht zuletzt glaube ich, daß viele Ordensleute von heute auch den Mut haben, ihre eigene Armseligkeit und Unzulänglichkeit zuzugeben, und gerade dadurch die Hoffnung vermitteln, daß alle von Gott geliebt sind und Gott sich aller erbarmt (vgl. Röm 11,32). »Was heißt Jesuit sein? Erfahren, daß man als Sünder trotzdem zum Gefährten Jesu berufen ist« (Jesuiten heute, Nr. 1). Für mich ist dies wohl der Gedanke, der mich am meisten anzieht und hält.

Gerhard Voss OSB
BENEDIKTINER DER ABTEI NIEDERALTAICH

Stabilitas: Bindung und Bleibe

Geboren am 25. 7. 1935 in Recklinghausen; nach dem Abitur (1954) Studium der Theologie in Münster, Innsbruck und Würzburg, Doktorat mit einer neutestamentlichen Arbeit über »Die Christologie der lukanischen Schriften« bei Prof. R. Schnackenburg; 1958 Eintritt in die Benediktinerabtei Niederaltaich, hier 1961 Priesterweihe; seit 1963 als Zeremoniar zuständig für die Gestaltung der klösterlichen Liturgie und hauptberuflich Geschäftsführer des Ökumenischen Instituts der Abtei Niederaltaich, seit 1968 Schriftleiter der UNA SANCTA – Zeitschrift für ökumenische Begegnung; Mitglied mehrerer Gremien, die sich mit monastischen, liturgischen oder ökumenischen Fragen zu beschäftigen haben.

Begegnungen auf dem Wege

Als der 2. Weltkrieg zu Ende ging, war ich im 10. Lebensjahr. Ich wurde Meßdiener – in einer Großstadtpfarrei des Ruhrgebiets – und fand damit Zugang zum Hause eines Mannes, der meinen weiteren Weg entscheidend geprägt hat: Karl Johannes Heyer, damals »unser« Kaplan. Kaum je ging ich von ihm weg, ohne ein Wort empfangen zu haben, das dazu angetan war, es zu bedenken. Meist war es hervorgerufen durch mein neugieriges Fragen nach dem Sinn der auf mich zunächst sehr geheimnisvoll fremden, aber doch faszinierend wirkenden Bilderwelt, in der er lebte. Gerade darum aber wirkten seine Worte in der Phantasie und im Herzen des neugierigen Fragers »bildend« weiter. Was ihn in den Jahren der Nachkriegszeit besonders bewegte, war das maßlose Leid menschlicher Gewalttat, das aus »allen Völkern und Stämmen und Nationen und Sprachen« zum Himmel schreit, das auch dem Prediger der Frohbotschaft Christi zunächst die Stimme verschlagen muß, bevor er im Blick auf das Lamm, das geschlachtet wurde, den Mut gewinnt, den Glauben an den Auferstandenen zu bezeugen. Jedenfalls ist mir seitdem der Horror geblieben vor einer Verkündigung, die allzu schnell den Eindruck erweckt, Gottes Plan und Willen genau zu kennen, und in der so wenig darauf hindeutet, daß sie aus der Erfahrung des »Herzens der Erde« (vgl. Mt 12,40) erwachsen ist, in das der Menschensohn hinabgestiegen ist. Immer mehr hat sich in mir die Überzeugung verstärkt, daß das menschgewordene »Wort« Gottes uns nicht zunächst als Imperativ, sondern als Bild des Heils geschenkt ist, das unser Denken und Handeln bestimmen will, nicht ohne uns in der Tiefe unseres Herzens zu prägen und zu verwandeln. Nicht in abstrakter Eigentlichkeit wird es in uns wirksam, sondern vor allem in konkreter Lebensgestaltung, in der prägenden Kraft eines Ordo.

Während meines Theologiestudiums in Innsbruck war es dann besonders Karl Rahner, bei dem ich immer neu die Frage stellen lernte: Was heißt denn das – was uns da in den Formeln unseres Glaubens überliefert ist? Auch seine Antworten waren ein Reden in Bildern des Herzens und in der Ehrfurcht vor dem immer größeren Geheimnis und so gerade nicht rationalistisches »Hintertragen«. Vor allem durch Abt Emmanuel Maria Heufelder von Niederaltaich tat sich mir dann eine Welt auf, in der etwas spürbar war von der »Freiheit der Herrlichkeit der Kinder Gottes« (Röm 8,21). Und eines Tages glaubte ich, während eines Gottesdienstes in der Abtei Niederaltaich den Anruf Gottes zu hören, der mich bewog, in dieses Kloster einzutreten. Dabei war ich auch geleitet von der Einsicht in die Notwendigkeit klösterlicher Zentren für die Präsenz der Kirche in der Welt: klösterlicher Zentren, die von der Mitte her, aus der sie leben, offen sind, all denen, die hier – für ihr ganzes Leben oder auch für kürzere Zeit – im Namen Christi in all ihrer Verschiedenheit zusammenkommen, die Kirche erfahrbar zu machen als die Ökumene: in der ursprünglichen Bedeutung dieses Wortes als »Zuhause«. Das Ökumenische Institut der Abtei Niederaltaich ist dann auch seit mehr als 15 Jahren insbesondere mein Arbeitsbereich.

Es fehlt der Raum, um dankbar auch all derer zu gedenken, die mich gerade in der persönlichen Begegnung auf meinem Weg sonst noch geprägt haben. Erwähnt sei jedoch noch mein Doktor-Vater Rudolf Schnackenburg, der mich in historisch-kritisches Arbeiten einführte. Als Menschen einer nachaufklärerischen Zeit ist uns die Erschließung des überlieferten Erbes wohl nur auf dem Weg kritischer Distanz möglich. Doch ist kritische Distanz zugleich Grund und Anfang aller Entfremdung. Und so stellt sich auch in der Theologie die Frage, wie wir zu neuer Aneignung, zu neuer Identifizierung, zu neuer Identität kommen können. Darum sei schließlich noch mit besonderer Dankbarkeit Frau Lotte Kes erwähnt, unter deren psychotherapeutischer Anleitung ich gerade in dem geistigen Umbruch der späten sechziger Jahre frühzeitig auf das menschliche Defizit im damals vorherrschenden Optimismus kritischen Bewußtseins und technischer Machbarkeit aufmerksam wurde und gleichzeitig das Ja zu meinem Mönchtum vertiefen und festigen konnte.

Benediktinische Lebensform

Wenn ich in knappen Worten zum Ausdruck bringen soll, was mir selber an der benediktinischen Lebensform hilfreich und darum wichtig erscheint, dann möchte ich vor allem das hervorheben, was ich auch in meiner Profeß als erstes gelobt habe: die *stabilitas,* verstanden als Bindung an die konkrete Gemeinschaft meines Klosters. Hier erfahre ich in besonderer Verdichtung Kirche Jesu Christi; hier habe ich etwas von der »Bleibe« gefunden, die Jesus im Johannesevangelium als das große und zugleich verpflichtende Geschenk seiner Gegenwart hinstellt – schon gleich zu Beginn, da er den ersten Jüngern, die ihm folgen wollen, die elementare Frage stellt: »Was sucht ihr?« (Joh 1,38). – Sie antworteten mit der Gegenfrage, wo Er seine Bleibe habe, und sie bezeugen, dort dann auch selbst gefunden zu haben, wo zu bleiben sich lohnt.

Wie jede menschliche Gemeinschaft ist freilich auch ein Kloster nur ein schwacher Abglanz dieses »Bleibens« in der Liebe Christi. Benedikt weiß das – wie seine Regel zeigt. Er weiß, daß es auch »falsche Brüder« geben kann, durch die eine Mönchsgemeinschaft für den einzelnen zu einer bedrängenden Last werden kann. Da wird das Bleiben zur Verpflichtung auszuhalten, um so dem Herren gleich zu werden – wie Benedikt als Begründung hinzufügt. Doch diese Verpflichtung bleibt im Kloster eigentlich niemals bloßer Imperativ. Da gibt es vielmehr eine Wechselwirkung: Wenn der Blick wirklich auf das immer größere Du Gottes als die Mitte klösterlicher Gemeinschaft gerichtet bleibt, dann wird das Kloster vielleicht mehr als jede andere Gemeinschaft zu dem Raum, in dem ich vor allem geforderten Sollen und aller daraus resultierenden Image-Orientierung zunächst einmal der sein darf, der ich bin: angenommen in meinen Fähigkeiten, aber auch in meinen Grenzen und Fehlern, angenommen von »Brüdern« nicht aufgrund zufälliger Sympathie oder, weil ich ihnen nützlich bin – beides gibt es natürlich auch –, angenommen vielmehr, weil sie mein Heil wollen und mich deshalb »leiden« mögen. Für diese Erfahrung bin ich dankbar, und sie ist zugleich eine Hilfe auf dem Weg zu der Fähigkeit, bei mir selbst zu wohnen – wie es Papst Gregor I. von Benedikt sagt: habitavit secum –, ohne in dauernder Unstetigkeit umhergetrieben zu sein.

Die Leute sagen freilich: »Ein solches Kloster, das ist noch eine heile Welt; da kennt man die Sorgen nicht, die wir haben«. Letzteres stimmt zum Teil, wenn auch weniger, als die meisten meinen. Doch der Mönch ist wie jeder andere Mensch auch zutiefst von der Geschichte der Sünde geprägt, wie sie in der biblischen Urgeschichte (Gen 3) ihren Ausdruck findet – und die im Grunde auch kaum jemand ernsthaft bedauern kann, trotz aller leidvollen Folgen und trotz aller Sehnsucht nach dem verlorenen Paradies. Den Sinn des Mönchtums sehe ich jedoch letztlich darin, daß es die Erfahrung bezeugen kann, daß das vielfach gestörte Verhältnis zwischen Mensch und Mensch, zwischen Mensch und Geschichte, Mensch und Kultur und nicht zuletzt zwischen Mensch und Natur sich schon jetzt zum Heil wandeln kann. Ich will freilich die Gefahr der Täuschung nicht verkennen, daß statt solchen Heils nur eine kleinbürgerliche und selbstgenügsame Idylle gelebt wird. Kriterium wird sein, ob es gelingt, offen und sensibel auf dem Wege zu bleiben, wie es im zweiten benediktinischen Gelübde zum Ausdruck kommt, in der dauernden »Bekehrung«, der *conversatio morum,* wie Benedikt die neutestamentliche Verpflichtung zu immer neuer Umkehr in der Nachfolge Christi nennt.

Es ist gut, daß es in den Orden – gleichsam der kirchlichen Schatztruhe geistlicher Erfahrung – eine Vielfalt von Ausdrucksformen der Nachfolge Christi gibt. Aufschlußreich für das benediktinische Bemühen um »Bekehrung« scheint mir die zentrale Stellung zu sein, die die Ehrfurcht – in immer neuen Formulierungen – in der Klosterregel Benedikts einnimmt. Aus ihr erwachsen die »discretio«, das rechte Augenmaß liebender Sorge, die »jedem zuteilt, was er braucht« (vgl. Apg 4,35) – dem »Starken« anders als dem »Schwachen« – aber auch die »humanitas«, mit der, wer immer anklopft, empfangen werden soll. Benedikt zitiert Mt 25,35: »Ich war Gast, und ihr habt mich aufgenommen«. Ehrfurcht besagt somit, den anderen zu begreifen von dem Worte Gottes her, das in ihm wirksam ist – ohne das nach dem Zeugnis der Bibel nichts geworden ist (Joh 1,3) –, und sich in der Begegnung diesem göttlichen Wort zuzuwenden. Das ist eine Weisung, die selbst dann noch gilt, wenn Christus im anderen kaum noch erkenntlich ist; eine Sicht, in die schließlich die ganze Schöpfung miteingeschlossen ist, weshalb Benedikt zum Beispiel allen Klosterbesitz wie »heiliges Altargefäß« betrachtet wissen will. So ist die Ehrfurcht das Bemühen, die ganze Schöpfung und zumal den Menschen nicht als Objekte und Materialien zu behandeln, sondern als dialogisches Gegenüber, ein Bemühen, das immer neu als Bereicherung erfahren wird, das freilich die Haltung der *oboedientia,* des Hörens, zur Voraussetzung hat: das dritte Gelübde der benediktinischen Profeßformel.

Um in der vielfältigen Gestalt des Wortes Gottes wirklich dieses Wort selbst zu hören, bedarf es immer wieder auch des Hörens auf die Stimme des Geistes im eigenen Herzen. Darum gehört für mich zum Entscheidenden benediktinischer Lebensform, daß hier jede Beschäftigung – sei sie profan oder geistlich – ihre Zeit hat, damit aber auch ihr festgesetztes Ende: die Arbeit hat ihre Zeit, und Liturgie und Meditation haben ihre Zeit, das Beisammensein hat seine Zeit, und das Alleinsein hat seine Zeit und jeweils zu seiner Zeit grundsätzlich die Priorität. Nur in solchem Wechsel von Nähe und Distanz ist der Raum der Freiheit zu verwirklichen, in dem die Sachzwänge erträglich und die Abhängigkeiten von Erfolg und Beifall überwindbar werden. Freilich wird nur dann das Hören auf die Stimme des Geistes in Liturgie und Meditation zur Orientierung an der Wahrheit, wenn es hinabreicht bis in die Tiefe des Herzens, seiner Freude, aber auch seiner Leidenschaften und seiner Trauer – wie es etwa in den Psalmen seinen Ausdruck findet –, wenn all das seinen Platz haben darf (so wie in der Kunst der alten Kirchen selbst die fratzenhafte Verzerrung des Menschenbildes ihren Platz hatte), wenn es nicht verdrängt wird (wie es leider in der kirchlichen Liturgie derzeit ein bißchen der Fall ist): Nur was angenommen ist, kann erlöst werden. Und schließlich ist Liebe nicht verdrängte, sondern verwandelte Leidenschaft. Nur in der Liebe aber wächst die Freiheit, offen zu bleiben für die Begegnung mit dem Wort Gottes, in welcher Gestalt immer es begegnet.

Marcella Welte OSB

BENEDIKTINERINNEN DER ABTEI ST. ERENTRAUD, KELLENRIED

Für-Bitte, Für-Glauben, Für-Leben

Ich wurde am 15. Mai 1932 geboren und verbrachte die Kinderzeit in verschiedenen schwäbischen Städten: in Laupheim, Tettnang, Ellwangen, Stuttgart und Isny im Allgäu. Die Volksschule und ein neusprachliches Gymnasium besuchte ich in Stuttgart und später in Isny. Dort begann ich auch eine Buchhändlerlehre, später folgte noch eine Ausbildung als Dolmetscherin in Heidelberg. Anschließend war ich zwei Jahre in der Exportabteilung eines Industrieunternehmens in Calw tätig und trat 1957 in die Benediktinerinnenabtei St. Erentraud in Kellenried bei Ravensburg ein.

Nach der ordensüblichen Ausbildung im Noviziat und Einführung in das monastische Leben legte ich 1962 die feierliche Profeß ab. In den nächsten Jahren folgten praktische Arbeiten in den verschiedensten Tätigkeitsbereichen des klösterlichen Alltags. Daneben beschäftigte ich mich mit bibeltheologischen und liturgischen Fragen. In den Jahren 1968-1973 übernahm ich verschiedene Übersetzungsaufträge. 1971/72 nahm ich an einem einjährigen Kurs im Institut der VOD (Vereinigung der Ordensoberinnen Deutschlands) in München teil. Seitdem arbeite ich neben einer vielfältigen Tätigkeit in den klösterlichen Arbeitsbereichen bei Meditationskursen, Einkehrtagen usw. mit, die im Rahmen des Gästehauses der Abtei stattfinden.

Im Gespräch mit Menschen, die als einzelne oder in Gruppen in unser Gästehaus kommen, lautet stets eine der vielen Fragen: Wie kommt ein Mensch heute dazu, das Leben in einem Kloster zu verbringen? Und dazu noch in einer monastischen Frauengemeinschaft mit relativer Abgeschlossenheit, ohne sichtbare, greifbare, aufweisbare Tätigkeit nach außen? So wenig es darauf eine allgemeingültige Antwort gibt, so schält sich doch bei aller Verschiedenheit der Wege bis zum Eintritt ein Gemeinsames heraus: Niemand wählt ein solches Leben, wie man etwa einen Beruf wählt. Am Anfang steht – wie auch immer erkannt, benannt oder geahnt –, was die Schrift Berufung nennt: Im Gang des Lebens, in einzelnen Ereignissen oder menschlichen Begegnungen, erkennt einer den an ihn persönlich ergehenden Ruf zu einer solchen

Lebensform. Es gibt soviel Lebenswege wie Menschen; ebenso gibt es soviel Wege zum Ordensleben wie Ordenschristen. Darum muß das Nachzeichnen eines jeden Weges notwendig einseitig, subjektiv, ausfallen. Er ist nur eine Spielart der vielen Möglichkeiten, wie ein Mensch zu jener Klarheit über sich und sein Leben gelangt, die zu einer Entscheidung führt, die gleichzeitig den Verzicht auf viele andere Werte des Lebens verlangt.

Suchen nach etwas, wofür es sich zu leben lohnt

Im Rückblick lassen sich einzelne Bausteine, wichtige Phasen des Lebens erkennen, die meine eigene Entscheidung zum Ordensleben vorbereitet haben, ohne daß ich sie in jener Zeit schon als solche erkannt hätte. Es mag blitzartige, klare Erkenntnisse geben, die den Lauf eines Lebens entscheidend beeinflussen und verändern. Aber das Normale wird ein banales, glanzloses, ganz undramatisches, eng mit dem Gesamt einer menschlichen Entwicklung verbundenes Wachsen dessen sein, was wir Berufung nennen. So war mein eigener Weg weitgehend bestimmt durch Begegnungen mit Menschen, durch die oder an denen sich immer klarer ein Bewußtwerden meines eigenen Lebens und der Richtung, in die es führen sollte, vollzogen hat. Es waren stets Menschen, an denen ich ablesen konnte, daß sie etwas bis ins letzte forderte und bis ins letzte erfüllte. Das zog mich an, ganz abgesehen von dem konkreten Lebensinhalt jener Menschen oder dem Ziel, für das sie sich einsetzten. Ich suchte selbst nach etwas, wofür es sich zu leben lohnte.

Erste Ansätze dazu waren vielleicht schon mein großer Wissensdurst als Kind, ein unermüdliches Hinterfragen daheim und in der Schule, und die Freude, wenn Neues erfahren und gefunden war. Das überwog die Last und Mühsal des Lernens weit. In jenen Jahren weckte ein guter Religionsunterricht und eine lebendige Gemeinde auch den Sinn für den Gottesdienst und die Freude daran. Es waren die letzten Kriegsjahre. Erst in der Rückschau und im Vergleich mit den Erzählungen anderer erkannte ich, wie klug und angepaßt in unserer Stuttgarter Pfarrei die Hinführung der Kinder zu den Sakramenten und zur Teilnahme am Leben der Gemeinde war; weit über das hinaus, was selbstverständlich in der Familie geübt wurde. In meiner späteren Schulzeit in Isny hatte ich ebenfalls einen guten Religionslehrer, dem ich viel verdanke. Er verstand es, den Zusammenhang zu den anderen Lehrfächern herzustellen und eine gute Grundlage an Glaubenswissen zu vermitteln.

In diese Jahre fiel für mich die Begegnung mit dem Schönen. Bildende Kunst und Literatur erhielten einen Platz in meinem Leben. Jenes Suchen und Verlangen nach etwas, wofür es sich lohnte, das Leben einzusetzen, wandte sich vom mehr Rationalen ab und dem Schönen zu. Unter diesem Eindruck, und bedingt durch die Beschränkungen der Nachkriegszeit, entschied ich mich zunächst, kein weiterführendes Studium anzustreben und den Beruf einer Buchhändlerin zu ergreifen. Verschiedene äußere Umstände ließen mich aber im Laufe der Lehrzeit nach einer zusätzlichen Ausbildung Ausschau halten. Eher aus unbestimmter Ratlosigkeit denn aus Überzeugung, im Gefühl, es sei auch dies nur vorläufig, aber doch der richtige nächste Schritt, begann ich eine Ausbildung als Dolmetscherin in Heidelberg. In konkreten menschlichen Begegnungen erlebte ich den Reichtum des Personalen, das Beglückende und Ergänzende menschlicher Beziehungen. Von da an war ich sicher: Vielleicht lohnte es sich für andere, das Leben für *etwas* einzusetzen, für mich aber konnte es nur heißen: das Leben für *jemand* einzusetzen.

Die Studienzeit in Heidelberg stellte neben der eigentlichen beruflichen Ausbildung eine sehr entscheidende Phase persönlicher Entfaltung und Bewußtwerdung für mich dar. Ein wichtiger Faktor dabei war sicherlich die aktive Teilnahme am Leben der Hochschulgemeinde und die vielfältigen Anregungen und Begegnungen, die damit verbunden waren. Dabei setzte sich in mir immer deutlicher die Ahnung durch, daß in der Bindung an einen einzelnen Menschen in Ehe und Familie jenes Suchen nach einem mich bis ins letzte Fordernden und bis ins letzte Erfüllenden nicht zur Ruhe kommen könnte. Nach dem Staatsexamen, in der Exportabteilung eines Industrieunternehmens in Calw, klärte sich langsam, wohin die bisherigen Spuren meines Lebens wiesen. Ich erkannte, daß alles Fragen und Suchen, verborgen und lange nicht wahrgenommen – auch die Erfahrung der Vorläufigkeit des bisher Angestrebten und Erreichten, der bleibende Rest von Einsamkeit in jeder noch so erfüllenden menschlichen Beziehung –, auf Gott hinwiesen und nur in ihm zur Ruhe kommen könnten.

Der nächste Schritt war dann die Frage, ob diese innere Gewißheit eine Konsequenz für den Lauf meines Lebens haben sollte und welche. Als dies schließlich unabweisbar wurde, suchte ich nach der konkreten Lebensform und nach einer Gemeinschaft, in der ich diesen Ruf Gottes leben könnte. Ich kannte die Benediktinerabteien des süddeutschen Raumes: Weingarten, Beuron, Neuburg . . ., – auch die Reste der romanischen Klöster und Kirchen in Hirsau und Burgund. An diesen Orten wurde mir klar, daß ich mich in die Reihe derer stellen sollte, die heute ein Leben der Gottsuche, des Lobpreises und der Fürbitte als Antwort auf den Anruf Gottes führen. Ein Jahr später trat ich in die Benediktinerinnenabtei St. Erentraud in Kellenried ein.

Unsere Welt in Lobpreis und Fürbitte vor Gott tragen

Im Nachzeichnen dieses konkreten Lebensweges wird etwas deutlich, was jedes menschliche und christliche Leben durchzieht, oft unbewußt, unthematisch, vielleicht verdeckt und nicht zugelassen, oder nur als Leere, als Entbehrung, als Sinnlosigkeit, als Entfremdung empfunden. Für jedes christliche Leben ist Gott der Erste, ist er die letzte Erfüllung der Sehnsucht, die in uns grundgelegt ist, sind die irdischen und menschlichen Werte vorläufig und weisen auf eine noch größere Erfüllung hin. Dies wird hier sichtbar als Lebensentscheidung, bei aller Bruchstückhaftigkeit der Verwirklichung, bei aller Angefochtenheit bis hin zur Frage, ob es denn nicht Torheit, Flucht, Unsinn gewesen sei, auf die anderen Möglichkeiten des Lebens zu verzichten.

Auf dieser Ebene setzt auch an, was eine monastische Frauengemeinschaft als eine der vielen Antworten auf den Nachfolgeruf Jesu letztlich möchte: Durch das Leben dartun, daß Gott für uns Menschen da sein will, daß es möglich ist und sich lohnt, die ganze Existenz auf ihn zu stellen, ohne nach Erfolg, sichtbarer Wirksamkeit und eigenen Möglichkeiten zu fragen. Es »auf sein Wort hin« zu wagen, im Blick auf den Rufenden und im Glauben, daß er sich mitengagiert. Gleichsam von innen her werden so die Aufbrüche und verheißungsvollen Ansätze in Kirche und Welt wie im persönlichen Leben vieler Menschen aufgenommen, ihre Ängste und Befürchtungen mitgetragen. So entsteht auch eine besondere Verbundenheit mit den vielen suchenden Menschen unserer Zeit, die nach dem Sinn des Lebens fragen, die nach Hilfe und Anleitung in ihrer Glaubens- und Gebetsnot suchen, die nach Stille und Sammlung verlangen, um nicht von den Anforderungen ihres Alltags zerrissen zu werden. Sie fragen nach einer Gemeinschaft, die sie in den Spannungen ihres Lebens, in Ratlosigkeit und Einsamkeit mitträgt und ihnen für eine Weile ein inneres und äußeres Aufatmen ermöglicht.

Es gibt nicht nur eine Für-Bitte, es gibt auch einen Für-Glauben und ein Für-Leben. Eines nicht glaubhaft ohne das andere. Dies möchte eine monastische Gemeinschaft in stets neuem Ansatz in einem arbeitsreichen Alltag zu leben versuchen, der vom gemeinsamen und persönlichen Gebet und von der Arbeit zum Lebensunterhalt der Kommunität bestimmt ist, in einer Gemeinschaft von Menschen, verschieden nach Alter und Herkunft, unterschiedlicher Meinungen und Überzeugungen, die sich nicht selbst gesucht haben, die aber immer wieder erfahren, daß das, was sie verbindet, der gemeinsame Ruf Gottes zu einem solchen Leben, stärker und tragender ist als das, was sie trennt.

Es klang schon verschiedentlich durch, daß ein kontemplatives Leben nicht am Rande von Kirche und Welt gelebt werden kann, wenn es seinen Auftrag in der jeweiligen Zeit und am jeweiligen Ort erfüllen will. Eine besondere Ausformung dieser Solidarität ist neben dem Gebet die benediktinische Gastfreundschaft. In erstaunlicher Zahl kommen heute Menschen in unserer Gästehaus, gerade auch junge, an denen die Offenheit und Vorurteilslosigkeit überrascht, wenn nur durch das Leben gedeckt ist, was einer zu ihnen sagt. In der Begegnung mit ihnen, mit ihren Aufgaben und Problemen, mit ihren Gefährdungen und Sehnsüchten, auch mit ihren irrealen Vorstellungen und Ausflüchten, durch das uns geschenkte Vertrauen, erfahren wir selbst Bestätigung und Ermutigung für das eigene Leben, für das, was es sein soll und sein will: Unsere Zeit, unsere Welt und allen Dienst am Menschen in Lobpreis, Dank und Fürbitte vor Gott zu tragen.

Matthäus Werner CFP
ARME BRÜDER VOM HL. FRANZISKUS

Den erniedrigten Menschen helfen, Gott zu finden

Heute 33 Jahre alt, trat ich 1964 nach Abschluß des Gymnasiums in unsere Gemeinschaft ein. Von 1967-1971 studierte ich Sozialarbeit. Zur Zeit leite ich als Oberer das Caritasheim in Düsseldorf, das zwei Aufgabenbereiche hat: Betreuung und Eingliederung von Strafentlassenen, Suchtkranken und Nichtseßhaften (es können 200 Personen aufgenommen werden) und Betreuung alter Menschen im Altenheim (es können 132 Personen unterkommen).

Der Weg meiner Berufung

Wenn ich als Erwachsener zurückblicke und mich frage, warum ich eigentlich Franziskanerbruder geworden bin und ausgerechnet mit Alkoholkranken, Strafentlassenen und mit dem Leben nicht zurechtkommenden Menschen arbeite, so denke ich öfter an ein für mich bedeutendes Erlebnis. Als Kind begegnete ich einmal einen betrunkenen Mann, der auf einer Bank auf unserem Spielplatz saß. Meine Spielkameraden hatten diesen Mann entdeckt. Und da er nur lallte und in seiner Trunksucht sich so ungewöhnlich verhielt, bildeten wir bald einen Kreis um ihn. In unserer kindlichen Unbekümmertheit verspotteten und verlachten meine Spielgefährten diesen total hilflosen Erwachsenen. Ich machte einfach nicht mit und konnte den Jux meiner Kameraden nicht verstehen. Ich habe damals nichts unternommen, aber die Hilflosigkeit und, wie mir schien, Verlassenheit dieses Menschen, beeindruckten mich tief.

In meiner Schulzeit stellte ich fest, daß ich niemals richtig mitmachen konnte, wenn es galt, Sündenböcke fertig zu machen. Ich interessierte mich immer für die von der Klassengemeinschaft nicht Angenommenen. Ich muß im Rückblick feststellen, daß ich die Unbekümmertheit meiner Spiel- und Klassenkameraden immer dann nicht teilen konnte, wenn ich spürte, jemand sollte erniedrigt werden.

Auch in der Erfahrung des Sakralen machte ich eine Grunderfahrung, die manche meiner Altersgenossen offenbar nicht so oder anders erlebten. Die erste hl. Kommunion und die hl. Firmung haben mich wesentlich beeindruckt. Ich muß zu den glücklichen Menschen gehört zu haben, die schon damals ein persönliches Verhältnis zu Gottvater erfahren haben. Wenn die Ehrfurcht die Religion gebiert, so muß ich schon früh die Ehrfurcht vor dem Göttlichen erlebt haben. Das persönliche Verhältnis zu Christus, das unbekümmerte und nicht zwanghafte Sprechen mit ihm bildete sich sehr früh, und bis heute darf ich dankbar erleben, daß mir das persönliche Beten nicht schwerfällt.

Über große Umbrüche, Krisen oder besondere Erlebnisse, die mich veranlaßt hätten, daraufhin in einen Orden einzutreten, kann ich nicht berichten. Die Vertrautheit mit Christus, mit Gott, wuchs bei mir allmählich. Aus diesem persönlichen Verhältnis heraus fühlte ich mich bald zur Nachfolge Christi berufen.

Schon als Jugendlicher wurde mir nach und nach deutlich, daß ich Christus in einer ausschließlicheren Form dienen wollte, als das über den normalen Weg in Ehe und Familie möglich ist. Die Verbindung mit Christus wurde mir so plastisch und so wirklich, daß mir Christus nicht fern war oder abstrakt erschien, sondern erfahrbar, ansprechbar und konkret wurde. Mir schien dieses Verhältnis normal, und nur allmählich erfuhr ich, daß anderen Menschen dies nicht so geschenkt war. Ich glaubte dann, eine Verantwortung für jene Menschen zu haben, die dieses persönliche Verhältnis zu Gott und seine Nähe nicht erfahren durften. Solche Verantwortung wollte ich dann insbesondere für die erniedrigten und von der Gesellschaft nicht akzeptierten Menschen übernehmen.

Die Gestalt des hl. Franziskus beeindruckte mich. Er hatte den Überfluß und den Reichtum kennengelernt und war dann von Christus getroffen worden, so daß er alles verließ, um sich ganz auf ihn einzulassen. Diese Unbedingtheit der Nachfolge, dieses restlose Vertrauen in Christus, der Mut zum Dienen beeindruckte mich. Ich suchte nach einer Möglichkeit, wo ich als Franziskaner erniedrigten Menschen helfen konnte. Ich wollte einmal den persönlichen Kontakt zu Gott weiterentwickeln und zum anderen, die Erfahrung mit

Gott an die Menschen weitergeben, die sich einsam und hilflos vorkamen.

Empfindsam für Gott und die Menschen werden

Mein ursprünglicher Idealismus hat sehr viel Zugeständnisse an die Wirklichkeit gemacht. Ich erlebe mich in einer Ordnung, wo viele menschliche Ursprünglichkeit und Spontanität durch Konvention und, »weil es so gemacht wird«, verebbt. Die persönliche Begegnung von Mensch zu Mensch ist durch die Menge der Begegnungen mit Menschen nur noch selten gegeben. Menschen werden verwaltet. Durch die Fülle der Aufgaben und die Überalterung meiner Mitbrüder und die damit nicht seltene eigene Überforderung leidet vielfach die persönliche Begegnung mit Christus. Aber wann sonst sollten wir Salz der Erde sein, wenn nicht gerade heute! Trotz der selber erfahrenen Unzulänglichkeit und Begrenztheit wächst in mir die Überzeugung, daß die in Christus angebotene Freiheit vorgelebt und verwirklicht werden muß.

Hier, in unserer Gemeinschaft finde ich Zeit zum Vollzug der Liturgie und zum persönlichen Gebet. Ich kann enger mit Christus umgehen, als mir das außerhalb meiner Gemeinschaft möglich erscheint. Hier kann ich Menschen konkret helfen, weil mir die Organisation die Mittel beschafft. Hier finde ich die eigene Unabhängigkeit, die ich brauche, um auf andere einzugehen.

Aber diese Freiheit und Unabhängigkeit wird nicht automatisch geliefert, sondern muß erbetet und bejaht werden. Wir müssen sie auch innerhalb unserer Gemeinschaft einander schmackhaft machen. Ich habe lernen müssen, daß die Entwicklung mit der Ablegung der Gelübde nicht abgeschlossen war, sondern, daß ich täglich aufgefordert werde, mich dem Anruf Gottes zu stellen.

Darin sehe ich die Verwirklichung meines Ordensleben: Daß ich empfindsam für den Willen Gottes und die Menschen bleibe, daß ich durch Meditation und den Umgang mit den mir anvertrauten Menschen immer tiefer das Angebot Christi erkenne, in Gott wirklich frei zu werden.

Dietmar Westemeyer OFM
FRANZISKANER DER WERLER ORDENSPROVINZ

In der Schnittlinie von Gehorsam und Eigensteuerung

»Mir griff des Lebens harte Faust schon in die zarten Kinderlocken.« Mit diesem Wort meines ostwestfälischen Heimatdichters Fr. W. Weber, beginne ich meinen Beitrag. Einen ersten harten Zugriff bekam ich zu spüren, als ich mit noch nicht drei Jahren meine Mutter verlor. Der Haarschopf selbst hat den Wechsel von Kinder- in Männerlocken gut überstanden, auch die Färbung ins volle Grau. Aber an dem Schicksal, das ihm widerfuhr, als ich mit 20 Jahren das Kleid des heiligen Franziskus von Assisi nahm und damit unter die damalige Gesetzespraxis der Tonsur geriet, ließe sich auf humorige Weise ein gutes Stück von dem nachzeichnen, was in diesen 49 Jahren der Zugehörigkeit zum Franziskanerorden – zunächst an mir selbst – geschehen ist: an »Hin und Her«, »Unten und Oben«, »Auf und Ab«, »Drinnen und Draußen«. Es war allerhand Bewegung drin. Nach der Erst- und Zweitausbildung im Provinzverband, habe ich siebenmal Tätigkeit und Wohnort wechseln müssen, rund alle sechs Jahre; kein einziges Mal ohne meine Zustimmung oder Mitwirken. Webers »harte Faust« war menschenfreundlich.

Seniorenseelsorger

Es hängt mit früheren Kursen des Instituts der Orden Frankfurt für Dienste an älteren Menschen zusammen, daß ich seit einem halben Jahr in einem Heim bin, in dem gegen 100 Damen und 20 Herren leben, demnächst überdies noch 80 ältere Ordensfrauen. Ich wohne zwischen ihnen, pflege in der Kapelle, die ein optisch und akustisch gut gelungenes Oktogon ist, den Gottesdienst, zu dem auch Nachbarn und Senioren aus der Stadt kommen, stehe den Heimbewohnern zur Verfügung, spreche jeden Abend über eine Durchsage in alle Zimmer, wirke mit in der Begegnungsstätte, die mit zu diesem vom Bund geförderten Modelle gehört, halte innerhalb und außerhalb des Heimes Gruppengespräche in Schwesterngemeinschaften, schriftstellere, bin auf Anforderung hin zu anderen Diensten bereit, vor allem für ältere Menschen, unter anderem für Priester, die sich mit ihrer

Emeritierung auseinanderzusetzen haben. Selbst also Ruheständler (jetzt 69 Jahre), der auf dem Wege ist, sich zu einem »Spezialisten für Ruheständler« zu entwickeln; auch jetzt – wie früher schon zweimal außerhalb meiner Klosterkommunität – in enger Verbundenheit mit den Mitbrüdern im Zentrum Paderborns, mit der Vinzentinischen Schwesterngemeinschaft, die aus jungen Fachkräften für die Pflege der Heimbewohner besteht, und mit mancherlei Bekannten aus früheren Zeiten an diesem Fleck, der Heimatwelt für mich ist.

Biographisches Kolorit

Schon an dieser Stelle bitte ich ein Geständnis machen zu dürfen: Obgleich ich – soweit es in meiner Kraft steht – mir im Durchdenken meines Lebens nichts geschenkt habe, weiß ich immer noch nicht zu bestimmen, mit welchem Anteil an meinem Lebensweg und -werk beteiligt ist, was da in- und miteinander wirkte: ererbte Natur *und* Gottes Berufung; Spürsinn, Zähigkeit im Arbeiten, Aktivität *und* göttliche Führung, die ich wiederholt meinte greifen zu können, das Beispiel des heiligen Franziskus, Einflüsse, Hilfsangebote, *und* Erwartungen anderer, wechselnde Vorstellungen vom Ordensleben, Eigenart der Umstände *und* Impulse von oben. Es wäre für mich unmöglich, das auseinanderzutüfteln. Ich gestehe aber gern, daß es mich mit Freude erfüllt, wie ich mein und anderer Menschen Mensch-, Christ-, Ordenschrist-Sein in wachsendem Maße im Laufe meines Lebens ganzheitlicher betrachten gelernt habe, anders als am Beginn.

Ich habe keinen Grund, mit dem Leben zu hadern, wie es mir beschieden wurde: daß ich vom Lande stamme (aus einem Landstädtchen), ein Ordensgymnasium durchlaufen habe, sieben Jahre in der Welt großer Ordenskommunitäten die Einführung ins franziskanische Leben und die Ausbildung zum Ordenspriestertum erhalten habe. Allerdings habe ich auch keinen Anlaß, diese Art Vergangenheit in jedem Zuge zu verteidigen. Es mußten gewisse Engheiten und Gefahren der Verengung in Kauf genommen werden – im Wahrnehmen, Erleben, Erfühlen und Erfahren, im Denken, Diskutieren und Verarbeiten, im Sich-hinauswagen, Vorpirschen, Darstellen und Bezeugen. Die Bauten waren zum Teil kasernenmäßig (aus der Zeit um 1900) und der Außenverkehr nicht alters- und erwachsenengemäß.

Mich quält dennoch nicht das Gefühl, zu kurz gekommen zu sein. Allen Grenzen zum Trotz – wie lebendig und vielfältig war doch das, was wir in unseren jungen Kommunitäten aufgegriffen und zu verarbeiten versuchten, fast im Nahkontakt mit dem damaligen Leben, das auf Extreme zutrieb (1933), und im Blick auf das Kommende, auf das wir uns vorbereiteten!

Bestimmende Faktoren

Mit der angedeuteten Situation dürfte es zusammenhängen, daß verschiedene Vorgänge der ersten Priesterjahre einen besonders starken, ja einen unvergeßlichen Einfluß auf die Ausprägung meiner franziskanischen Art ausgeübt haben: die enge Zusammenarbeit mit den Pfarrern zweier Dekanate und das Einschwingen in ihre Wünsche (1935-37); die erneute theologische Fachausbildung mit abschließender Promotion (1937-39); die Predigtarbeit zusammen mit jungen Mitbrüdern (1939–41), später auch mit Volksmissionaren vieler Couleurs (1946–49); die Versetzung in ein Krankenhaus, in dem ich mit dem Amt des Dompredigers die Aufgabe verband, Patienten, Schwesterngemeinschaft und Nachbarn den Krieg an der Heimatfront bestehen zu helfen (1941-45); die spirituell-pastorale Mitsorge mit den Elisabethfrauen im Erzbistum Paderborn und ihren Dekanatsleiterinnen, die nach dem Kriege das Ringen mit der Not aufnahmen und dafür den Laienberuf und die Gemeinschaft der Familienpflegerinnen ins Leben riefen (seit 1946); die Sorge um die Ordensgemeinschaft in der Leitung der Ordensprovinz, in die ich von 1946 an immer stärker hineingezogen wurde.

Es fällt mir schwer, darauf zu verzichten, Namen zu nennen: im Austausch mit vielen – Älteren, Gleichaltrigen, Jüngeren – bekam mein franziskanisches Leben seine Gestalt und Reichweite. Es wurde immer ausgeprägter ein Leben des Dienstes am Wort (Predigt, Exerzitien, Bibelstunden, Schriftstellerei); der Sorge um Menschen, die mitmenschliche Beratung, Hilfe, priesterliche Vergebung suchten; des Dienstes an wirksameren Hilfen und Strukturen in unterschiedlichen Richtungen: Gebietsmissionen, Zusammenarbeit der deutschen Ordensoberen, Internationales Informationszentrum für Orden und Bistümer, die kirchlichen Notgebieten angemessen helfen möchten (Pro Mundi Vita/Brüssel), Institut der

Orden (IMS)/Frankfurt, Zusammenarbeit der Ordensgemeinschaften innerhalb der Bistümer, Sachkommission IX der Gemeinsamen Synode.

Dieser Ausweitung der Zusammenarbeit mit immer neuen Gruppen und Gremien entsprach als Gegenzug das Bemühen, die innere Identität zu wahren und zu vertiefen, die Einheit mit sich selbst: als Tiefgang, geistige Mitte, Gleichbleiben der Grundrichtung, Ruhe, Standfestigkeit, um so vor dem Auseinandergerissenwerden bewahrt zu bleiben; als Identität von Leben und Arbeit, von innerer und äußerer Dynamik, von Arbeit und Zeugnis.

Im umgreifenden Strom der Zeitentwicklung

Das Gesagte war hineinverwoben in die Zug- und Schubkraft der Entwicklung, in die kirchliches und klösterliches Leben nach dem Zweiten Weltkrieg hineingezwungen wurden. Das erste Generalkapitel im Jahre 1951 (noch die Zeit Papst Pius' XII.), an dem ich an der Wiege des Franziskanerordens in Assisi teilgenommen habe, verstand sich (noch) als Fels – gerade auch darin, wie es die Überholung der Satzungen plante und verbreitete: die Autorität stärken, die Weisungen konkretisieren, die Maschen lückenloser machen. Weitere Verrechtlichung, Institutionalisierung, Reglementierung quasi als Hochziel. Klöster als Bollwerke, als Gottesburgen.

Ganz anders, was sich zur selben Zeit »unten« zu rühren begann: eine junge Gruppe von Forschern fing an, das Ur-Franziskanische aufzuarbeiten: Leben und Schriften des heiligen Franziskus und andere franziskanische Quellen zu erschließen als Leben, Keim, Licht, Durchdringung, Sauerteig, als ein zwischen den Menschen sich vollziehendes Leben. Die Beteiligten haben sich damals bemüht (einige Jahre vor dem Zweiten Vatikanum), diese neuen Erkenntnisse in Form von regelmäßigen Werkwochenangeboten in unsere Ordensgemeinschaften, auch in die übrigen franziskanischen Gemeinschaften, zu bringen.

Was damals entdeckt wurde, zielte in die Richtung, Ordensleben als Kraft aus dem Anruf Christi, als Ausprägung lebendiger Nachfolge, als Gabe und Charisma Gottes zu verstehen, nicht aber als irgendeine religiöse Sonderkultur, die abseits von den übrigen Menschen gepflegt wird: Klöster als christliche Heimstätten, die andere Christen zum Mitleben und Mitbeten einladen. Diese Erkenntnis war in mancher Hinsicht damals noch nicht zu realisieren, weil das offizielle Denken der Kirche und manche gesetzlichen Bestimmungen es noch nicht zuließen. Das wurde erst möglich, als das Zweite Vatikanum die Auffassungen der Kirche überprüfte und mit einigen gesetzlichen Veränderungen neue Wege erschloß.

Es ging dabei nicht um den Kern selbst, nicht um die Substanz im engeren Sinne, andererseits auch nicht um bloße Äußerlichkeiten, sondern um etwas, was dazwischenliegt, was es möglich macht, Nachfolge neu zu verstehen, und sie instandsetzt, anders als vorher auf Menschen sich auszuwirken. Es setzte eine Änderung der Grundeinstellung bei sehr vielen, ja im Grunde bei allen voraus. Wie schwierig das war, habe ich vielerorts und in mancherlei Planungs-, Leitungs- und Austauschgremien aus nächster Nähe mitbekommen, in Zusammenarbeit mit Franziskanern aus vielen Ländern, mit anderen Ordensleuten, mit Laien, Priestern und Bischöfen.

Zukunftsweisend

Die Bistümer in Deutschland haben gut daran getan, daß auch sie aufgriffen, was das Zweite Vatikanum für die Ordensleute und Ordensgemeinschaften möglich und verpflichtend gemacht hatte. Die Gemeinsame Synode hat aus Sorge um die Gegenwart und Zukunft der Orden die Kategorie des evangelischen Rates für das Christsein heute neu zu umreißen versucht. Die Synode hat sich im Beschluß »Die Orden und andere geistliche Gemeinschaften« vor allem durch die Formulierung des Kernstücks in 2.1.3 ein großes Verdienst erworben: für uns Ordensleute, die wir uns dadurch deutlicher der Gesamtheit der Christen zugeordnet sehen; aber auch für die Christen überhaupt, daß sie sich nicht außerhalb der Kategorie »Rat« sehen dürfen. In der Synode waren viele Mitglieder über diese Sicht beglückt. Und ich habe festgestellt, daß sich auch außerhalb sehr viele davon beeindrucken lassen. Mir scheint, daß sich gerade von hier aus ein Zugang für die jungen Menschen öffnet.